RATIONAL RITUAL
CULTURE, COORDINATION, AND COMMON KNOWLEDGE

理性的仪式
文化、协调与共同知识

崔硕庸（Michael Suk-Young Chwe）◎著

凌复华　彭婧珞◎译

中国人民大学出版社
·北京·

献给西尔维娅（崔蘭娥）

中文版前言

Preface

　　一本书被接受的程度充满了不确定性：一本晦涩难懂的书可能赢得大批追随者，而一本看似很热门的书可能很快就被遗忘。我很高兴《理性的仪式》能够出版中文译本从而能让更多的读者有机会阅读此书，虽然我在写作时并未料想到它能走得如此之远。

　　这本书源于我所写的一篇文章《文化、圆圈和商业广告：公开性、共同知识和社会协调》，1998 年发表于《理性与社会》杂志。当时杂志社要求我将原稿缩短，于是我就留下了一些资料未用上。有一天我正坐在办公室里，彼得·多尔蒂（Peter Dougherty）——普林斯顿大学出版社当时的高级经济编辑、后来的主任——敲开了我的门，问我是否有兴趣写一本书。这个请求颇使我感到惊讶，因为经济学家关注的是期刊文章，而不是书籍。我跃跃欲试，因为此前不久我申请终身教职被拒，正想尽全力展示自己的强项，以便找到一份新的工作。我整合了这些未用的材料，并扩展了论点，这便足以作为一本小书的底稿。回想起来，这是一个优势，因为一些读者告诉我他们一口气读完了本书。现在，我把写小书的优点推荐给每一个人。

如果彼得来的时候我不在办公室，我就不会见到他，也就不会写这本书。对此我始终保持感激之情。我也要感谢戴维·莱廷（David Laitin），他早就鼓励我进行课题研究，并建议我向《理性与社会》投稿。我曾在舍温·罗森（Sherwin Rosen）和加里·贝克尔（Gary Becker）主持的一个研讨会上提交了论文的早期版本，他们不甚同意我的观点，但鼓励我继续钻研。当我离开普林斯顿大学时，舍温鼓励我"坚持下去"。我一直在努力遵循他的忠告。

《理性的仪式》本是为专业读者准备的，但它似乎已经深入大众。亚马逊网站一位读者评论道：《理性的仪式》是"我考虑经营策略和战略计划时最好的'秘密武器'之一"。这话言过其实了，完全出乎我的意料。在写这本书时，我最初关心的是社会抗议和社会变革的组织。和许多人一样，我相信民主和人权将在全世界范围内不断改善。在我看来，我的书指出了一个有用的策略。但最近在美国，基本的民主价值观和人类价值观——如法治以及对所有宗教和种族的尊重——受到了打击。而创造有关我们自己根深蒂固的民主价值观的共同知识，是予以反击的一种方式。

前　言

Preface

　　许多人以种种不同的方式帮助了我。我在参加在加州大学洛杉矶分校箭头湖举办的"理性的选择及展望：政治经济学的未来"会议、在圣塔菲研究所举办的社会科学中的互动模型研讨会时，在斯坦福大学理论经济学暑期研讨班以及康奈尔大学做讲演时，收到了许多评论和意见，对此我深表感谢。在纽约大学工作期间，我要感谢来自奥地利经济学派研讨会和政治系的评论。在芝加哥大学工作期间，我要感谢来自如下研讨会或机构的评论：经济学应用研讨会，芝加哥大学人文学院，中西部教师关于理性、准理性和理性选择理论的研讨会，约翰·凯利（John Kelly）的研究生人类学专题讨论会，怀尔德·豪斯（Wilder House）的政治、历史和文化研究中心和政治系。我也受益于以下人士的建议和鼓励：安迪·阿博特（Andy Abbott）、莫舍·阿德勒（Moshe Adler）、彭尼·贝克尔（Penny Becker）、安·贝尔

（Ann Bell）、马修·贝努斯卡（Matthew Benuska）、山姆·鲍尔斯（Sam Bowles）、罗伯特·博伊德（Robert Boyd）、兰迪·卡尔弗特（Randy Calvert）、陈晓红（音译）（Xiaohong Chen）、崔硕佑（Karl Chwe）、崔硕均（Myron Chwe）、约翰·柯伦（John Curran）、吉姆·德纳多（Jim DeNardo）、普拉森吉·杜阿拉（Prasenjit Duara）、史蒂夫·杜尔劳夫（Steve Durlauf）、马哈穆德·埃尔-贾迈（Mahmoud El-Gamal）、吉姆·费伦（Jim Fearon）、马格努斯·菲斯凯斯育（Magnus Fiskesjö）、道格拉斯·盖尔（Douglas Gale）、埃德·格莱泽（Ed Glaeser）、阿夫纳·格雷夫（Avner Greif）、伯尼·格罗夫曼（Bernie Grofman）、罗杰·盖内里（Roger Guesnerie）、安娜·哈维（Anna Harvey）、黄常玲（音译）（Changling Huang）、约翰·凯利（John Kelly）、博阿兹·凯萨尔（Boaz Keysar）、蒂穆尔·库兰（Timur Kuran）、戴维·莱廷（David Laitin）、李南姬（Namhee Lee）、李宝拉（音译）（Paula Lee）、苏珊妮·洛曼（Susanne Lohmann）、凯文·麦凯布（Kevin McCabe）、托马斯·麦奎德（Thomas McQuade）、斯蒂芬·莫里斯（Stephen Morris）、阿肖克·拉伊（Ashok Rai）、加里·雷米（Garey Ramey）、斯坦·赖特（Stan Reiter）、彼得·罗西（Peter Rossi）、邓肯·西梅斯特（Duncan Simester）、莱斯特·特尔泽（Lester Telser）、

巴里·魏因加斯特（Barry Weingast）、道格拉斯·怀特
（Douglas White）、史蒂夫·怀尔德曼（Steve Wild-
man）、皮特·沃尔夫（Pete Wolfe）、莉比·伍德
（Libby Wood）和我的博弈论课程的研究生。他们的许
多评论值得具体提及，但受限于记忆力，我不确定自己
能否进行系统性梳理。泰勒·考恩（Tyler Cowen）、赫
布·金蒂斯（Herb Gintis）、盛·H. 金（Sung H. Kim）、
罗希特·帕里克（Rohit Parikh）、戴维·卢西奥（David
Ruccio）、乔·索贝尔（Joe Sobel）和吉姆·韦伯斯特
（Jim Webster）读了第一份完整的草稿，并给出了非常有
益的评论。这里的一些材料首次出现在《理性与社会》
和《美国社会学期刊》上（Chwe，1998，1999b）；这两
本杂志的匿名审稿人的评论都非常有建设性。欢迎读者
通过 michael@chwe. net 和 www. chwe. net 发表进一步的
评论、批评和建议。

　　诺曼·布拉德伯恩（Norman Bradburn）向我介绍
了尼尔森媒体研究中心，那里的埃德·席穆勒（Ed
Schillmoeller）以及罗利·施密特（Rollie Schmidt）真
的十分慷慨大方。本·克莱门斯（Ben Klemens）、罗
布·麦克米伦（Rob McMillan）和杰夫·纽曼（Jeff
Newman）对我的研究提供了不可或缺的协助。我要感
谢马歇尔·希尔（Marshall Hill）以及斯塔茨维勒惩教
中心的工作人员，感谢他们在我们参观斯塔茨维勒期间

的热情接待。也感谢吉姆·费伦、马格努斯·菲斯凯斯育、加里·赫里格尔（Gary Herrigel）和戴维·马斯塔德（David Mustard）驾车与我同去斯塔茨维勒。本研究得到了美国国家科学基金会（项目号 SBR-9712277）的支持。最后，与普林斯顿大学出版社的彼得·多尔蒂和林达·陈（Linda Chang）一起工作十分愉快。

　　这个项目开始于我在芝加哥大学工作时，完成于我来到纽约大学后。能够加入两个世界级知识分子群体，我感到十分庆幸。而最令我引以为豪的，则是我的家庭。在我的人生中，我的母亲崔贞子（Jung-Ja Chwe）是力量和信心的楷模；而我的父亲崔秉成（Byoung-Song Chwe）是学识和品格的楷模。我的哥哥崔硕佑（Karl，卡尔）、弟弟崔硕均（Myron，迈伦）和妹妹崔蘭蛾（Sylvia，西尔维娅）持续不断地教给我新东西。而促成这本书的机缘是，我的妻子李南姬带回家一些书，而我试着去读懂它们。这也是我要感激她的诸多方面之一。我们都很感激南姬的母亲李奇顺（Ki Soon Lee）的支持，她在关键时刻给予我们巨大的帮助。我们的孩子翰宇（Hanyu）和翰芽（Hana）非常慷慨地提供了一些色彩丰富的图画，并证明了人完全可以每天都过得幸福快乐。

目 录

Contents

1 引 言

Introduction

◎ 本书的作用

个体如何协调其行动？这是我们要探讨的"协调 *3*
问题"，每个人都想参加集体行动，但这只有当其他人
也参加时才会发生。人们通常通过彼此沟通"解决"
协调问题。然而，只是简单地收到一条消息，并不足以
令个体参加。因为每个人都只有当其他人也参加时才想
参加，所以每个人必须知道其他人也收到了消息。在这
件事上，因为每个人都知道其他人需要确信别人将会参
加，所以每个人必须知道别人知道其他人收到了消息，
等等。换句话说，仅知道这条消息是不够的；还需要知
道其他人所知道的，并知道其他人所知道的他人所知道
的，依此类推，也就是"共同知识"。因此，要理解人
们如何解决协调问题，我们应当关注产生共同知识的社

会过程。最好的例子是"公共仪式",如公共典礼和新闻事件。

因此,公共仪式可以被理解为产生共同知识的社会实践。例如,公共典礼有助于维护社会整体性和现有的权威体系。社会融合和政治变迁都可以被理解为协调问题;我们更有可能支持得到更多人支持的一个权威或社会体系,无论它属于当权者还是反对派。公共仪式、集会和典礼产生必要的共同知识。公共仪式不仅从中心源向每位观众传送意义,也让每位观众知道其他观众知道些什么。

这一论点提供了对各种社会现象的独特见解,在通常被认为是毫不相干的环境和学术传统之间建立联系。就公共典礼协助维护统治者权威的作用而言,有一种解释是通过其"内容",例如,通过创造意味深长的与神圣事物相关的联想。若将公共典礼的"公开性"——换句话说,它们产生共同知识的方式——也纳入考虑范畴,我们将得到看待诸如皇室巡游、革命节日以及法国大革命确立新计量单位等仪式实践的新视角。人们常常认为,公共仪式通过使人热情激昂来引发行动;我们则认为其基础是"冷静"的理性。

仪式的语言往往是模式化和重复性的。就简单地传达意义而言,这可以被理解为冗长而重复性的语言,使消息更有可能被理解。但看起来同样重要的事情是，听众本人意识到这些模式和重复性。就共同知识的产生而言，当个体听到某些重复的东西时，他不仅获取了消息，也知道了这是多次重复的，因而其他人也很可能听到了。仪式中的团体舞可以被理解为让个人与个人之间通过动作传达意义。但团体舞也是一个绝佳的共同知识"发生器"；跳舞时，每个人都知道其他所有人都在全神贯注，因为如其不然，动作模式将立即被打乱。

　　然后，我考察了人们面对面围成一个向内的圆圈的例子，比如美国西南部史前建筑中的仪式结构大地穴、美国一些市政厅的座位排列以及法国大革命期间的革命节日。在上述例子里，圆圈的形式似乎是为了促进社会统一。但是如何做到这一点呢？我们的解释建立在共同知识的产生之上。向内的圆圈使人们视线接触的机会增至最大；每个人都知道其他人知道这一点，因为每个人都可以直观地验证别人是否在关注。接下来，我关注了 1954 年的故事片《码头风云》（*On the Waterfront*）中出现的向内圆圈这一特殊问题，以及公开和私下沟通等一般问题。

　　购买某种商品可以是一个协调问题，例如，一个人可能更想看一部热门电影。为了使人们购买这些涉及"协调问题"的商品，广告商应当设法产生共同知识。

历史上的例子包括李施德林①的"口腔异味"广告。最近，超级碗②已成为美国最好的共同知识发生器，相应地，超级碗中插播的绝大多数广告都是为了宣传具有"协调问题"性质的商品。来自黄金时段电视广告的证据表明，热门节目可以向广告客户收取更多的观众人均广告费，因为热门节目能更好地产生共同知识（当我观看一档热门节目时，我知道其他许多人也在观看）。销售具有"协调问题"性质商品的公司倾向于在更热门的节目上做广告，并且愿意为其产生的共同知识支付额外费用。

一群人之间的友情模式，即其"社交网络"，显著地影响其协调能力。网络的一个方面在于其友情关系的"强弱"程度。在弱关系网络中，特定个人的朋友的朋友往往不是他本人的朋友；而在强关系网络中，朋友的朋友往往也是朋友。强关系网络似乎更不利于传播，并因而不利于协调行动，因为它更"纷乱复杂"，消息在

---

① 李施德林（Listerline）漱口水以消毒之父约瑟夫·利斯特（Joseph Lister）命名。李施德林漱口水自从1914年正式投放零售市场以来，一直坚持其杀菌的核心功效。它是第一个被美国牙医学会认可的非处方品牌漱口水，并获得了包括加拿大、澳大利亚、爱尔兰、中国香港等其他多个经济体的牙医学会的专业认证。——译者注

② 超级碗（Super Bowl），美国国家橄榄球联盟（National Football League，简称NFL）的年度冠军赛，胜者被称为"世界冠军"。超级碗一般在每年1月最后一个星期天或2月第一个星期天举行，那一天被称为"超级星期天"。那一天的电视收视率一般为40%～60%，单日食品消耗量仅次于感恩节。——译者注

其中的传递更慢；但是实证研究发现，强关系更有利于 *6*
协调。我们注意到：尽管强关系不利于消息的传播，它
却有利于产生共同知识，因为你的朋友们很可能相互认
识，你更可能知道你的朋友知道些什么。根据这一事
实，上述矛盾便得到了解决。

　　最后，我考虑了杰里米·边沁①的"圆形监狱"
（panopticon）设计，其中牢房排列成一个圆圈，环绕着
中央的守卫塔。米歇尔·福柯（Michel Foucault）认
为，圆形监狱是以监视为基础的权力机制，与表演或典
礼完全不同。然而福柯和大多数其他观察家忽略了一个
事实：边沁的设计还包括守卫塔上方的中央礼拜堂，这
使囚犯无须离开他们的牢房就能参加宗教仪式；换句话
说，圆形监狱在一定程度上也是一种仪式结构。圆形监
狱产生了共同知识，因为每个囚犯都能看到其他囚犯在
受到同样的监视。

　　在考虑各种应用时，我们没有尝试全面探讨任何单
一话题、作者或著作。我们的目标是，探索社会科学中
跨越现行各学科的广泛领域的意想不到的联系。理性和
文化通常被认为适用于完全不同的人类活动领域，并各

――――――――――

　　① 杰里米·边沁（Jeremy Bentham，1748—1832），英国的法理学
家、功利主义哲学家、经济学家和社会改革者。他是一个政治上的激进
分子，亦是英国法律改革运动的先驱和领袖，并以功利主义哲学的创立
者、动物权利的宣扬者及自然权利的反对者而闻名于世。他还对社会福
利制度的发展有重大贡献。——译者注

自有独立的逻辑。本书却主张两者有广泛的相互联系。要想理解公共仪式，就应当理解它们如何产生理性逻辑所要求的共同知识。要想理解诸理性个体如何解决协调问题，就应当理解公共仪式。

本书所依据的学术文献反映了方法论的日益专业化。我希望这里的联系表明，一个论点不仅可以综合各种不同的主题，还可以综合各种不同的方法论。例如，本书考虑了新的数据（电视网络不同时段的价格、超级碗广告），提出了对现有经验规律（"强关系"为何优于"弱关系"）的新解释，提供了对仪式实践的各方面（团体舞、重复、向内的圆圈）和文化产品（电影《码头风云》）的新诠释，并引发人们对经典文献（边沁和福柯关于圆形监狱的论述）的深入阅读。

考虑了这些应用后，我将简要讨论有关仪式对行动的影响的几种不同解释：是通过直接的心理刺激，还是通过与他人在一起而产生的激情？接下来我将尝试回应常见的反对意见：共同知识并不真正适用于"现实世界"，因为人们事实上似乎并不去层层思考"我知道他知道她是知道的"。

然后我将进一步阐述基本论点。虽然这本书的要点之一是，共同知识是仪式的一个有趣的维度，从分析上看这一维度可以与内容相分离，但在实践中，内容和共同知识的产生以有趣的方式相互作用。我讨论了营销和雕塑方面的一些例子，以及 1964 年林登·约翰逊（Lyndon Johnson）的电视竞选广告《雏菊》。共同知识不仅取决于我知道你收到了消息，也取决于一个共享象征性系统的存在，它使我知道你如何理解该消息。

因为共同知识的产生对协调行动很重要，它已成为人们为之而争夺的东西。例如在 1993 年，反对家庭暴力行动者们向美国全国广播公司（NBC）施压，成功获得了超级碗的广告时间。共同知识的产生是一种现实资源，这一事实给人的启示是："象征性的"抵抗不容小觑。

共同知识不仅通过传播产生，也通过历史先例产生。因此当广告活动试图产生共同知识时，会将历史作为资源。正如历史可以帮助创造共同知识，共同知识也 8 可以通过群众仪式和纪念典礼在一定程度上创造历史。类似地，共同知识不仅可以帮助一个群体进行协调，也可以在一定程度上创造群体、集体认同和"想象共同体"。例如，在"想象共同体"中，报纸的每位读者都知道还有其他几百万人也会阅读这份报纸。

总而言之，本书试图论证三件事。第一，共同知识的概念具有广泛的解释能力，可以说明许多事情。第二，共同知识的产生是公共仪式"作用"的一个实质性部分。第三，经典的理性与文化的鲜明划分法应当受到质疑。上述第三点在本书结论部分得到了更充分的探

讨。而在本书附录中，我将举一个简单例子来说明如何
以数学方式来表达我的论点。

◎ 论　点

　　在被称为"协调问题"的某些情况下，每个人都
仅在当他人也参加一项联合行动时才愿意参加该行动。
协调的一种方式就是简单地传播一条消息，如"让我
们都参加吧"。但因为每个人都仅当他人参加时才参
加，为使消息达到目的，不仅每个人都必须知道该消
息，而且每个人都必须知道其他所有人都知道该消息。
事实上，每个人都必须知道其他所有人都知道其他所有
人都知道该消息，依此类推，也就是说，该消息必须是
"共同知识"。

　　这个不言自明之理是日常社会生活的事实，也是本
书的中心论点。它出现在许多不同的学术论述中，从语
言的哲学到博弈论，再到社会学。受到托马斯·谢林
（Thomas Schelling，［1960］1980）影响的戴维·刘易
斯（David Lewis，1969）首次对此进行了详细论述；罗
伯特·奥曼（Robert Aumann，1974，1976）开发了其
数学表达方式，使之变得简单易懂（见本书附录）。在
以下例子中，该问题得到了充分表述。

假定我和你是乘同一辆公交车回家的同事。今天，公交车中挤满了人，我们被人群分开了。因为你站在公交车前门附近，而我靠近后门，我只能偶尔瞥见你一眼。在到达我们通常下车的站台之前，我注意到一个我俩都认识的熟人，她在人行道上大喊："嘿，你们俩！来和我一起喝一杯！"与这个熟人相聚当然很好，但我们主要关心的是我们两人能彼此同行。车门打开了；由于被人群分隔，我们必须独立决定是否下车。

假定当我们的熟人大声呼喊时，我试图找你但没找到，我不确定你是否注意到她了，因此决定留在公交车上。这一传播过程到底是如何失效的？有两种可能。第一种是你压根儿没有注意到她；也许你睡着了。第二种是你其实注意到她了。但是我留在了公交车上，因为我不知道你是否注意到她了。在这第二种情况下，我们俩其实都知道我们的熟人曾大声呼喊，但我不知道你是否知道我听到了呼喊。

成功的沟通有时并不仅仅取决于是否接收到给定的消息，也取决于人们是否意识到其他人也收到了消息。换句话说，它不仅与人们知道消息有关，也与人们知道其他人是否知道该消息有关，即消息的"元知识"①。

①　元知识（metaknowledge），在某些场合，把知识分为两个层次：知识集及控制知识集（知识的知识）。后者称为元知识。——译者注

　　假定当我们的熟人大声呼喊时，我看到你抬起头来四处张望想要找我，但我不确定你是否找到了我。虽然我知道那一声呼喊，而且我知道你也知道那一声呼喊，因为我看到你抬起头来，但我仍然决定留在公交车上，因为我不知道你是否知道我也知道。所以只有一个"层次"的元知识是不够的。

　　通过更进一步思考，你很快就会意识到每一个层次的元知识都是必需的：我必须知道那声呼喊，你也必须知道；我必须知道你知道，你必须知道我知道；我必须知道你知道我知道，依此类推；也就是说，那声呼喊必须是"共同知识"。"共同知识"的用法很广，但在这里我们忠于其精确定义：如果群体中每个人都知道某一事件或事实，每个人都知道每个人都知道它，每个人都知道每个人都知道每个人都知道它，依此类推，那么，我们说这一事件或事实是该群体中的共同知识。两个人可以简单地通过视线接触，创造这些多层次的元知识：假定当我们的共同熟人呼喊时，我正看着你，你也正看着我。于是我知道你知道那声呼喊，你知道我知道你知道（你看到我正看着你），依此类推。如果我们设法进行了视线接触，我们便从公交车下车；于是沟通成功。

　　这个例子背后的关键假设是，我们在意的是彼此的结伴而行：只有当你下车时，我才想下车；而只有当我下车时，你才想下车。例如，假设呼喊的不是熟人而是你的男朋友；我只在乎与你作伴，但你更愿意陪伴他而不是陪伴我。于是如果我知道你听到呼喊，我会下车，但我不需要关心你是否知道我听到呼喊，因为无论我是否下车，你都会下车。像这种熟人例子的情况被称为"协调问题"：每个人都只在其他人也采取行动时才想采取行动。另一个术语是"保证型博弈"，因为没有人愿意单独采取行动（Sen，1967）。男朋友的例子不是一个协调问题，因为无论其他人是否采取行动，这个人都会采取行动。

在协调问题中，每个人都关心其他人做什么，因此每个人都关心其他人知道什么。因此成功的沟通不是简单地散布消息，而是让每个人知道别人也知道，依此类推。下面举两个例子来进一步说明。

在近三十年的时间里，埃及的面包价格几乎保持不变；1977 年，埃及总统萨达特（Sadat）试图提高面包价格，结果引起了"面包骚乱"。从那时起，埃及政府 *11* 的一个策略是把面包做得越来越小，另一个策略是悄悄地把一部分小麦面用更便宜的玉米面替代（Jehl，1996）。这些策略比对个人的欺骗更进了一步：每个人都能注意到自己的面包变小了或味道不一样了，但不确定有多少其他人也注意到了这一点。改变面包的大小或味道与提高其价格并不是同一类公众事件。

1984 年 1 月，苹果公司在每年最受欢迎的固定时段电视节目超级碗中插播了极具视觉震撼效果的 60 秒商业广告，推出其新产品苹果电脑。苹果电脑与当时已有的个人电脑完全不兼容：苹果电脑用户只能与其他苹果电脑用户轻松地交换数据，而且如果没有什么人购买苹果电脑，就几乎没有可用的软件。因此，一个潜在的购买者只有在别人也同样购买的情况下才更有可能购买它。这样一来，潜在的苹果电脑购买者面临着一个协调问题。通过在超级碗比赛中播出商业广告，苹果公司并不只是简单地把苹果电脑介绍给每一位观众，苹果公司也告诉每一位观众它把苹果电脑介绍给了很多其他观众。按照迪士尼乐园市场营销高级副总裁的说法，超级杯"真的是美国男人、女人和孩子的盛大聚会，他们围坐在电视机旁，参加一年一度的仪式"（Lev，1991；Real，1982）。

◎ 协调问题

这里我要澄清，协调问题不是"搭便车问题"，后者也被称为"囚徒困境"。在搭便车问题中，任何情况下都没有人想参与：每个人总是喜欢"搭"其他参与者的"便车"。例如，我们都想保持公共绿地常青，但每个人又都存在过度放牧的动机。因此，为了"解决"

搭便车问题，需要增强人们的潜在合作动机，例如通过 *12*
对搭便车者的法律或社会制裁，或反复营造氛围：你现
在搭便车，以后可能就没有人与你合作。但"解决"
协调问题并不需要改变人们的动机：当每个人都合作
时，每个人都会因为其他所有人这样做而想要这样做。
虽然术语"集体行动问题"经常只用来指搭便车问题
（Olson，1971），有些人认为集体行动问题更适合被描述
为协调问题（例如，Chong，1991；Moore，1995）。此
外，即使要通过制裁解决搭便车问题，也存在一个动员
人们参与制裁系统的"事先"协调问题，因为通常一个
人只有当别人也参与制裁系统时才想参与。

　　协调问题也不需要利益完全相同；所需要的只是，
随着更多人的参与，每个人的参与动机增强（或至少
不减弱）。例如，在一项活动中，可能有即使只有少数
其他人参加就想参加的"积极分子"，也有只有当许多
其他人参加并使这件事看起来合乎情理时才会参加的
"温和派"，还有只想体验一场群体活动、对此项目活
动漠不关心的"跟风者"。只要每个人都觉得"多多益
善"，这就是一个协调问题。不属于协调问题的有：每
个人并不关心别人做什么，从而使每个人的决定完全独
立；或每个人只在别人不参与的情况下才想参与——例
如只有当海滩不拥挤时才想去海滩。

　　在协调问题上，每个人都想与其他人协调，但关于

如何协调，可能存在相当大的分歧，会有冲突。例如，"许多加纳人都愿意采用一种共同的土著民族语言，但对采用哪一种语言持不同意见"（Laitin，1994，p. 626）。一种给定的协调可能对一个人很不利，但他还是会选择参加，因为不参加是一种更糟的选择，这个不理想的协调可谓两害相权取其轻。为了简单起见，我们通常假定唯一的问题在于是否参与；关于人们如何因为协调问题而产生冲突的情形将在后面考虑。

13

◎ 共同知识

这里我举一些例子来说明为什么共同知识是有用的日常概念，是"公开"一词的常识性意义的一部分，以及共同知识如何能够在一定程度上区别于"内容"或"意义"。

美国政治竞选的一项最新进展是"推手民调"，即打着某种公正的幌子询问选民一些诱导性问题。作为1996年共和党总统初选中与鲍勃·多尔（Bob Dole）合同的一部分，竞选电话公司（Campaign Tel Ltd.）员工以"艾奥瓦家庭农场"成员的名义，打了一万多次电话给艾奥瓦选民，攻击竞选对手史蒂夫·福布斯（Steve Forbes）的单一税计划。针对外界的批评，多尔的竞选发言人为这种策略辩护称，这些电话"等同于反映我们电视广告中的信息"（Simpson，1996）。一方面，无论"信息"是否相同，关键性的区别是电话中传递的不是共同知识：每个接到电话的人不清楚有多少人接到了类似的电话。另一方面，电视广告至少在某种程度上是共同知识，因为看电视广告的人知道，其他人也看到了相同的广告。即便至少有一万人的"广大受众"接到电话，而看到电视广告的少于一万人，这种区别依然存在。

1995年，纽约大都会歌剧院（New York Metropolitan Opera）最终决定在演出中显示歌词译文。然而，纽约大都会歌剧院并没有采用投影在舞台上方屏幕上的"译文字幕"，而是开发了独家的"Met字幕"：每位观众有一块自己的小电子屏，可自由开关。一位评论家说："'Met字幕'明显地优于大多数剧院的系统：……它们并不成为演出的公共话语的一部分"（Griffiths，1995）。即使大多数人打开了他们的屏幕，译文也不会变成共同知识，因为读译文的人并不知道别人是否也在读（或承认在读）译文。

对于电子邮件用户来说，共同知识可以很恰当地说明"抄送"（cc）和"密送"（bcc）之间的差异。当一个人通过"收件人"栏或"抄送"功能同时向几个人发邮件时，每个收件人都会获得所有邮件收件人的名单。但若采用"密送"功能，每个收件人会收到一条诸如"收件人名单被隐藏"的消息。就一个人到另一个人之间的信息传递而言，抄送和密送是相同的；二者的差异在于是否允许收件人获得关于其他收件人的信息。因为抄送允许每个收件人获得其他收件人的电子邮件地址，因此，它会招致批量"垃圾邮件"。然而，与产生共同知识的需求相比，这一弊端有时就不那么重要了。例如，"直木女士说，因为她的电子邮件收件人名单曾被借用，她将重新考虑如何向一个庞大的收件人名单发送信息。她说：'下次我发送地址变更通知时，我一定会采用密送。'即便如此，直木女士说，在某些情况下，即当邀请客人参加聚会或其他社交集会时，她仍打算使用"收件人"栏来群发邮件。'这样大家能看到还有其他什么人参加或谁接到了邀请'"（Stellin，2000）。

共同知识不仅受技术影响，也受制于人们所选择的传播方式。布里恩·麦克诺特（Brian McNaught，1993，p. 53）提到，他的一位会计师朋友说，"我确定我的老板知道我是同性恋者……但我也很肯定他不想谈论这件事，也不希望我谈论这件事"。在这里，女会计师的老板知道她是个女同性恋者，而且她知道她的老板知道这件事，但她不能与她的老板谈论这件事，因为这样她的老板会知道她知道她的老板知道这件事。女会计师和她的同性恋情人举办了一个观影前的鸡尾酒会，

15

"这是为会计师事务所雇员及其配偶举办的。……一旦老板和他的妻子到达，所有员工就都带着他们的约会对象迅速出门。女同性恋会计师也挽着她的男陪同者的手臂加入了他们。而她的女同性恋情人则待在家里……在这种情况下，每个人都知道有一名同性恋者在场，但都假装不知道这回事。"如果女会计师是和她的情人一起去的，人们会知道其他所有人都知道；她是女同性恋者的事实将成为共同知识。

共同知识在某种意义上是秘密的对立面。乔治（George）描述了大家是如何知道他是一名同性恋者的："我先告诉彼得（Peter）……然后我告诉弗雷德（Fred）……并告诉他们在我公布之前不要告诉任何人或与任何人谈论此事……在我和我们圈子里的其他人交谈了以后，他们也这样做了。不久以后，每个人都与其他人谈论此事，而不是在各自心中深藏这个大秘密"（Signorile，1995，p. 76）。最初，乔治分别单独告诉其他人，尽管每个人都知道乔治是同性恋者，但对每个人来说，这仍然是一个秘密。一旦彼得和弗雷德开始谈论，人们开始知道别人也是知道的，共同知识形成而秘密消失。

共同知识并不总是可取的，人们有时会刻意回避它。掩饰可以防止共同知识的形成（Kuran，1995），但在有些情形下仅仅实话实说是不够的。

　　文化实践的大多数诠释集中于传播的"内容"或"意义"。本书的主要观点是，文化实践也必须从"公开性"——或者更确切地说，共同知识的产生——这

16 一角度来理解。这种区别不能严格地区分（后文中讨论），但仍然有用。

◎ 论点的由来

　　我们并不试图进行全面调查，但至少有一点需要指出：这里涉及的概念都是非常基础的，在几种不同的语境中都曾出现过。刘易斯（Lewis，1969，p.6）在大卫·休谟（David Hume）的例子中发现了协调问题的思想，在这个数人同划一条船的例子中，每位划手都想用与所有其他划手相同的速度划船。一想到语言就会想到共同知识的概念（Clark and Marshall，1992；Schiffer，1972）；哪怕在基本的会话中，知道其他人所知道的，并依此类推也是必要的。例如，当我的朋友问："你要咖啡吗？"只有当我知道我的朋友知道我想学习而不是想睡觉时，我才会用"咖啡会使我保持清醒"作为肯定的答复。（Sperber and Wilson，1986）。谢林（Schelling，[1960] 1980）早期考虑过协调问题及其解决方式，而奥曼（Aumann，1976）对共同知识进行了数学

建模；这些问题在博弈论（总结参见 Geanakoplos， *17*
1992）、逻辑学、理论计算机科学和哲学（如 Gilboa，
1998）中都曾被探究过。"高阶信念"（关于其他人的
信念的信念）以及公开申明与私人申明之间的区别，
对经济学和金融而言是日益重要的概念（例如 Chwe，
1999a；Morris and Shin，1999；Shin，1996）。共同知识
依赖于具有"心理模块理论"的人，心理模块理论是
一种能够理解他人心理状态的能力；心理模块理论究竟
怎样起作用和发展，是认知神经科学的一个重要问题
（例如 Baron-Cohen，Tager-Flusberg and Cohen，2000）。
在畅销书中，共同知识在趣味数学和逻辑谜题中偶尔出
现（例如 Stewart，1998）。

　　社会心理学家提出了"多元无知"这个概念，指
的是人们对他人的信念持有非常不正确信念的情况，在
这种意义上说是缺乏共同知识。这方面的例子有许多，
下面试举其一。在 1972 年的一次调查中，有 15% 的白
人赞成种族隔离，但有 72% 的人认为自己所在地区的
大多数白人赞成隔离（O'Gorman，1979；Shamir，
1993）。大多数人认为多元无知是在个体层面上的曲解
（例如 Mullen and Hu，1988；O'Gorman，1986）：例如
一个人通过认为自己的观点是大多数人所有的观点而降
低自己的矛盾感。

　　尼克拉斯·卢曼（Niklas Luhmann，1985，pp. 26 –

28）在其对法律的分析中强调"社会世界的双重偶然性"：不仅物质世界是不确定的，其他人的行动也是不确定的。理解"别人的观点……只有当我把别人看成是另一个我……［他］可以像我一样随意改变他的行为时，才有可能发生"。因此，存在一个使'期望的期望'稳定的需要，这一需要由社会机制帮助满足……此外，还需要考虑第三层次、第四层次（等等）的反射，即期望的期望的期望，期望的期望的期望的期望，等等。正如卢曼所说："观点的相互作用以及'你'对'我'而言构成的意义，可以追溯到德国唯心主义。"

18

2 应 用

Applications

◎ **仪式和权威**

　　诸如仪式和典礼等文化习俗如何形成权力？克利福 　*19*
德·格尔茨（Clifford Geertz，1983，p. 124）写道："统
治的外部标志及其内在实质之间原本易于辨明的区别变
得不那么明显，甚至不那么真实；真正重要的是……它
们相互转化的方式。"林恩·亨特（Lynn Hunt，1984，
p. 54）更加直截了当地表示：在法国大革命中，"政治
图腾和仪式不是权力的隐喻，而是权力本身的方法和目
的。"这究竟是如何发生的？它的机制是什么？

　　要解释这些问题，我们首先要指出，服从一个政治
或社会权威是一个协调问题：每个人都更愿意支持一个
得到更多其他人支持的权威。例如，于尔根·哈贝马斯
（Jürgen Habermas）诠释汉娜·阿伦特（Hannah
Arendt）时说："权力的根本现象不是*另一个人*愿望的

工具化，而是在意图达到统一意见的沟通中*共同愿望的形成*"（Habermas，［1977］1986，p. 76；Postema，1982；Weingast，1977）。这一协调问题不仅可以出自达成一致意见的愿望，也可以因威胁而产生：按照迈克尔·波拉尼（Michael Polanyi，1958，p. 224）所说的："如果一个群体中的每个人都相信，所有其他人都将服从一个自称为他们的共同上级的人的命令，那么所有人都会服从这个人作为他们的上级。……仅仅因为人们假设其他人都继续服从，所有人都将被迫服从"。由于服从权威是一个协调问题，权威创造出形成共同知识的典礼和仪式。

20　　格尔茨从社会的核心文化信仰即其"主导性虚构"开始解释；一种象征性传播，例如一个典礼或仪式，通过与这一主导性虚构的"密切相关"而拥有了权威。格尔茨用三个巡游的例子来说明这一点。在 16 世纪的英国，巡游具有教导性和寓意性。"四位市民身着盛装代表四种美德——纯粹宗教、臣民的爱、智慧和公正"，而伊丽莎白·都铎（Elizabeth Tudor）则代表着"贞操、智慧、和平、无瑕之美和纯粹宗教"等诸多新教美德。在 14 世纪的爪哇人看来，世界是层级分明、无限循环的，巡游时君主哈亚姆·武鲁克（Hayam Wu-ruk）位于队伍的中央，四周各有一位公主代表四个罗经点。在 18 和 19 世纪的摩洛哥，一个核心信仰是"人仅仅真正拥有那些他能够捍卫的东西"，因此，"只要他能继续前进，这儿追赶一个对手，那儿推动一个盟友，国王就可以使人们相信他有资格获得神授君权"。就我们的目的而言，更基本的问题不是这三种情景如何不同，而是它们如何相同：也就是说，为什么要巡行？"皇家巡游……定位社会的中心，并通过给领土打上统治的仪式记号，确认社会中心与超验事物的联系。……当国王们周游国土时……就像老虎在自己的领地上留下气味一样，国王几乎把国土标记为其自身的一部分。"

然而，巡游中最明显的方面——其庞大的观众，"成群惊讶的农民"（Geertz，1983，p. 132）——在这一解释中被遗漏，或被认为是理所当然的；按照这个解释，观众不论其人数多少，都会受到强烈的影响。我们的解释则完全集中于公开性，即典礼创造的共同知识，因为每个观众都看到其他人也在观看。巡游主要是一种增加观众总数的技术方法，因为只有这样才能让许多人同时站在一个地方；共同知识之所以得到扩展，是因为每个观众都知道，巡游路线上的其他人看到了或将会看到同样的东西。因此关键并不在于君主的移动，大规模的朝圣之旅或迎宾队列也会形成共同知识。在我们的解释中，统治的普遍仪式符号并不因其无所不在而召唤出超然存在，更像是铺天盖地的广告：当我看到声势浩大

21

的广告宣传活动所及的范围时，我知道其他人也一定会看到这个广告。严格说来，这与狼的类比大不相同：离群索居的动物懂得在特定地点嗅气味，从而远离其他动物的领地；没有谁会去感知或推测气味的完整轨迹（就这一点而言，气味驱离对手，而巡游则只针对"内部受众"）。

说明这一点的另一种方法是考虑格尔茨如何在以下文字中应用"公开"一词："任何具用这种或那种重要性的东西都是主体间性①的，所以是公开的，因而可以对其进行明显的、可纠正的*露天式说明*"（Geertz，1980，p. 135）。格尔茨在这里从方法论的角度提出了观点：文化不是关于"不可观察的精神事物"，而是关于"社会中确立的意义结构"，人们据此沟通，并因此可用于分析和理解（Geertz，1980，p. 15；1973，p. 12）。但用"公开的"来涵盖任何主体间性的东西，远远超出了习惯用法——如"公开道歉"或"公开法庭"等——的范围。我的所得税报表是主体间性的，并在某种程度上是可获得的，但它们不是公开的。在一个延伸性讨论中，格尔茨（Geertz，1973，p. 6）指出，眨眼的意义不能简化为抽动眼皮的简单生理动作，它取决于

---

① 主体间性（intersubjective）是指主体与主体之间的共在关系。——译者注

许多因素，例如两个人之间的默契，眨眼是"约定好的"，"其余同伴并不知晓"。换句话说，眨眼传达的意义依赖于它不是共同知识。这当然是有道理的，但不清楚某种存心的共谋是否应当归类为"公开的"。如此广泛地应用"公开的"，令人很难探讨文化实践中公开性——或者更确切地说，共同知识的产生——的维度；这使我们无法看出，某些典礼的全部目的在于将其公之于众。按照格尔茨（Geertz，1980，p. 135）所说，"论点、旋律、公式、地图和图画不是用于审视的理想事物，而是用于阅读的文字；仪式、宫殿、技术和社会形态也是如此"。宽泛地说，仪式和典礼不仅是文字，也是发布过程（Keesing，1987）。

格尔茨的解释关注巡行的意义或内容，而我们的解释则关注公开性，即巡行如何创造共同知识。我们的观点并非内容和意义无关紧要，而在于公开性——共同知识的产生——也必须纳入考虑范围。

林恩·亨特（Lynn Hunt，1984，p. 88）对法国大革命中的象征性文化实践进行了分析。亨特写道："极端者……向他们自己和每一个关注者揭露了旧政权的'主导性虚构'……一个新的政治权威需要一个新的'主导性虚构'。……社会成员可以为自己发明文化和政治。"在采纳格尔茨的框架的同时，亨特也说明了其缺陷：如果文化实践能被用来创造一个新的主导性虚构，那么它们的影响力不能仅仅建立在与现存主导性虚构的联系之上。但亨特（Lynn Hunt，1984，p. 54）指出："如果没有故事、符号和象征用成千上万种不可言喻的方式传达和重申统治的合法性，统治就不可能实现。在某种意义上，合法性是就符号和象征达成的一般共识。当革命运动挑战传统政府的合法性时，它也必定会挑战统治权威的外部标志。然后它必须着手发明新的政治象征，用来精确地表达新政权的愿景和原则。"

　　这里亨特承认，简单地发明意义的新象征或新系统是不够的；必须使它们符合"一般共识"。尽管其意义并不明确，但或许亨特是用"不可言喻"表示共同知识，即每个人都知道并且可以理所当然地认为其他所有人也知道的某种东西。事实上，亨特考察过的大部分实践，特别是革命节庆作为"无可救药的誓言狂热"（Jean-François La Harpe，在 Lynn Hunt，1984，p. 21 中引用），甚至连种植自由树和穿着象征革命的颜色，都是产生共同知识的典礼，因为其中每个参与者都可以看到其他人也在参与。

　　法国大革命的参与者也确立了新的重量和长度单位（公制），并发明了新的历书，其中制定了新的节日，并把七天一周改为十天一"旬"。现在世界上大部分地方汽车靠右行驶，也是因为法国大革命：西欧以前的习惯是汽车靠左行驶，但由于普通民众靠右行走，面对迎面而来的车流，于是那个方向被认为更加民主（Young，

23

1996）。亨特（Lynn Hunt，1984，p. 71）从宣传的角度来解释这些改变，这样"连钟表也能作为大革命的证据"，但我们可以更加具体些。使人们接受新的贸易、时间和出行规则是一个协调问题，与使人们接受一个新政府的协调问题相比，前者在重要程度方面更低，但在人群规模上，两者是类似的。通过成功地解决一个协调问题，法国大革命的参与者建立了有助于解决第二个问题的共同知识：一个人也许不知道其他人支持新政权的程度，但他会知道，其他人至少都赞成采用它的新的重量和长度单位。威廉·休厄尔（William Sewell，1985，p. 33）从意识形态的角度来理解新的长度单位和时间单位：法国大革命的参与者想要改变人们对"空间和时间的经验。……他们的革命认可一个新的形而上学秩序；不管在哪里，只要现存的社会实践基于旧的形而上学，就必须以新的理性角度和自然角度对之进行重组"。但改变重量、长度和历法之所以特别有效，不仅仅是因为它们改变了个人对革命或现实世界的想法，更是因为它们改变了人与人之间相互影响的方式；它们改变了个人对其他人的了解。

詹姆斯·斯科特（James Scott，1990，pp. 203 - 204，56）对公开传播即"公开文本"与非公开传播即"隐藏文本"做了明确的区分；例如，某个教派的高层……认为，如果他们的众多信徒选择同居而不结婚， 24

这样的一种选择……与上述这些信徒公开拒绝婚姻圣礼相比，前者对制度的重要性比较小"。类似地，"如果一个大地主的众多佃农难以承受过高的地租，大地主宁可与他们个别协商，也许做一些让步，而不愿意进行公开对抗"。但问题依然是，为什么会这样呢？

斯科特（Scott，1990，pp. 41，424）间或声称，"打破沉默"引发的情绪具有因果方面的重要性。例如1910 年，就在电台直播了黑人拳击手杰克·约翰逊（Jack Johnson）战胜白人拳击手吉姆·杰弗里斯（Jim Jeffries）以后，"在南方每个州和北方许多州都发生了格斗。……在这一事件的鼓舞之下，黑人瞬间在姿态、言语和行动方面变得更加大胆。……'中毒'以多种不同形式出现"。一个公开声明创造出"政治电流"；要想理解一个政治声明的影响如何广泛，"我们可以打个比方，将社会中那些具有类似隐藏文本的人看作单一电网的一部分。隐藏文本的微小差异，可以被认为类似于在一个电网中造成电流损耗的电阻"。

但斯科特的主要解释与我们的相同，即公开声明创造共同知识："只有当隐藏文本被公开宣布时，所属人员才能充分认识到他们的索求、梦想和愤怒为其他所属人员所共有的最大程度。"当某人 A 在全国电视直播上谴责 B 将军实施酷刑和暗杀时，他所说的几乎就是"成千上万名该国公民 15 年来一直在较安全的环境中所思考和表达的"；令这一讲话成为"政治冲击波"的，并不是 A 所讲的内容，而是他演讲的坦率和公开。很奇怪，每个人在某种程度上都知道的某种东西，在大胆登上舞台之前都只是一个朦胧的存在"（Scott，1990，pp. 223，207，215-216）。

即便如此，斯科特（Scott，1990，p. 48）并没有 *25* 意识到他的主要解释的力量，"想象一下，例如，在一个高度等级分化的农业社会，地主们新近有了强制权力，能够可靠地发现和惩罚任何违抗他们意愿的租户或劳动者。……只要他们保持大张旗鼓的仪式阵势，挥舞他们的武器，庆祝过去的镇压事件，维持严厉坚定的气氛……那么，他们可能得以施加的恐吓性影响，将远远超过这些掌权人物的实际同期力量"。斯科特像格尔茨一样，把国家仪式的权力建立在关联的基础上：对于斯科特，是与从前以武器为基础的权力的关联；对于格尔茨，是与主导性虚构的关联。但正如斯科特（Scott，1990，p. 49）所指出的那样，"权力和权威的成功传播，只要它有助于产生自我应验的预言之类的东西，就会引起人们对后果的恐惧。如果下属人员相信他们的上级是强大的，这种印象就将帮助上级强制施压，从而促成他的实际权力"。因此，仪式的公开性及其"成功的传播"可以完全依靠其自身构成权力；关联是有益的，但并不是必需的。我们可以说隐藏文本的差异造成共同知识中的缺陷，而不说它们是电网中的电阻。例如，作为一个在加尔各答的年轻女子，米克·古普塔（Mika Gupta）这样描述她阅读西蒙娜·德·波伏娃（Simone de Beauvoir）的《第二性》时的感受："她的文字有一种力量，因为她知道我的感受。……但她同时让我觉得疏远。……我找不到可以把我的经验归入'文化次品'的空间"（Okely，1986，p. 4）。最后，没有必要把杰克·约翰逊获胜的电台直播引发的反应解释为"中毒"；如果我允许自己有一刻的真实表现，那么合理的时机就是我认为别人也会这样做之时。

◎ 仪式如何起作用？

卢梭（Rousseau，［1755］1984）的一个经常被引用的例子是"猎鹿博弈"，其中每个人都可以或者与其他人一起去猎取一头公鹿，或者自行猎取一只兔子。如果每个人都一起去猎取公鹿，而且他们成功了，那么每个人所得食物的价值都将大于一只兔子的价值。但如果只有少数几个人去猎鹿，他们一定会失败，倒不如每个人去抓一只兔子。因此，每个人只有在别人也参与时才会去猎鹿。人们可以通过口口相传来散布"我们明天日出时去猎鹿"的消息，但更有效的传播方式是大家在一起开会，这样不仅每个人都知道了这个计划，而且每个人也会立即看到其他人知道了这个计划，这就形成了共同知识。如果把这种会议称为一个"仪式"，那么根据我们的论点，一个仪式的目的是形成共同知识，而共同知识是解决协调问题的必要条件。

如前所述，协调问题不仅存在于诸如团体狩猎等相当具体的任务中，也存在于许多其他情景中，例如政治权威和社会权威等。此前我们仅仅是从每个人决定是否赞同某一政权的角度来讨论权威，但权威所包含的内容一般要多得多，如社会地位系统、隐性和显性的行为规则，以及引导社会互动的整套理念和制度。于是，在这种情况下，仪式所应当公开的，也就是应当使之成为共同知识的，不是一个特定的狩猎计划，而是一套信念和规则。在维克托·特纳（Victor Turner）对赞比亚恩登布人仪式的分析中，可以找到对这个想法的一些支持："仪式是对一些条款的定期重申，特定文化中的人们要想有任何一种协调一致的社会生活，就必须根据这些条款互动。……毫无疑问，恩登布人通过其宗教活动唤起了公众对行为准则的注意"（Turner，1968，pp. 6，269）。

由于内部压力（恩登布人原则之间的冲突：男人应该和他的母系亲属住在一起，但也有权让妻子和他同住在他自己的村庄）、外部压力（西方货币经济入侵）以及不可避免的个人小冲突，出现了通过仪式"支撑"

27 行为规则的持续需求。事实上，一些仪式"好像几乎被'设计'为这样的目的：一旦［社会压力和紧张气氛］开始严重削弱集体生活的有序运作，仪式就会对其进行遏制或纠正"（Turner，1968，p. 280）。更一般性的说法是，"在许多非洲部落中，当一个小社区面临分裂的危险时，仪式进行得最为频繁"（Turner，1968，p. 278）。如果认可并遵守行为规则是一个协调问题，那么当紧张气氛和敌意对这些规则造成威胁时，就需要立即采取"补救"行动，因为"决定退出"这个制度的人越多，其他每个人留下的动力便越少。

仪式究竟如何帮助社会融合？特纳（Turner，1969，p. 79）详细引用了一位高级牧师的讲话（Rattray，1923 记录和翻译）："我们的祖先……规定一个时间，每年一次，每个男人和女人，自由人和奴隶，应当能够自由地说出他们心中的想法，向邻居说出对其及其行为的看法，他们不仅可以向邻居，也可以向国王或酋长直抒胸臆。而当一个人这样自由发言后，他会感到他的叁萨姆（灵魂）冷静安详，他公开发言反对过的其他人的叁萨姆也会冷静安详。……当你被允许当面说出你对他的看法时，你们两个都会受益。"特纳把这阐释为定期"拉平"地位的需求，其时"居高位者必须接受被羞辱"。按照我们的解释，重要的是能够坦率、公开地当面发言，这就使得你以前个人暗中持有的，而其他人可能只是猜度的怨恨，成为共同知识，从而可以公开解决。

要理解仪式如何发挥作用，通常认为必须理解所使用象征和单词的各种含义。但有些人指出，需要理解仪式中那些不能从"意义"的角度轻易理解的诸多方面。例如，在仪式上讲的话通常涉及大量重复，并具有韵文、诗句或歌曲的结构，如在"教会式对句"（Jakobson，1966）中那样。以马达加斯加的割礼仪式为例，莫里斯·布洛克（Maurice Bloch，1974，p.56）指出："参与者用一种特定的方式使用他们的语言：正式的演讲和歌唱。若对典礼的象征进行纯形式上的分析，将会错过这一中心事实。"弗里茨·斯塔尔（Frits Staal，1989，p.264）指出："咒语中出现的特殊文字，其用法通常难以理解。……甚至那些言之有物或具有意义的咒语，当它们在仪式中应用时，也不像是正常说话的方式。"斯塔尔确定，咒语的仪式性不在于词语的意义，而在于他们所说音节的模式和节奏。

重复同一短语，在信息理论的意义上可以理解为提供冗余。但斯坦利·坦比亚（Stanley Tambiah，1985，p.138）指出，信息理论不能被直接应用于此，因为仪式更多地是关于"人际关系统筹和……社会整合及持续性"，而不是传递信息。按照坦比亚的说法，人们必须考虑"从*模式识别*角度而不是从'信息'角度来定义的

28

'意义'"。从产生共同知识的角度来诠释，重复不仅要确保每个人获取了信息，也要确保每个人都能意识到这一重复，从而知道其他每个人都获取了信息。克劳德·列维-斯特劳斯（Claude Lévi-Strauss，1963，p. 229）问道："为什么［是］神话，以及更宽泛地说，口头文学，如此沉迷于将同样的连续事件两次、三次、四次地重复？……答案很明显：重复的作用是为了使神话的结构明显。"在我们的解释中，重复的作用是使重复明显。

布洛克认为，仪式中公式化语言的原因（"言语行为序列的固定性"）是严格限制可传达意义的可能集合："因此，言语的形式化极大地制约了可说的内容，于是言语行为要么都是类似的，要么都是同一种类型的，因而如果采用这种传播模式，对于可说的东西几乎没有任何'选择'余地。……在一段话语之后，紧随其后的话语只有少数几种，或者仅仅一种可能性，而不是潜在的无限种可能性"（Bloch，1974，pp. 62 - 63）。这种公式化对布洛克而言（Bloch，1974，pp. 64，71），正是仪式权威的来源："这是因为，公式化语言是一个讲话者可以迫使另一个人做出反应的一种方式，它可以被视为一种社会控制的形式。……*你不能与一首歌争辩*。""在我们的解释中，每一个仪式参与者永远不能完全确定，其他参与者是否在充分关注。公式化，即一个词组被说出以后，下一个词组自动跟随的事实，保证

29

每一个参与者，即使是注意力暂时转移的人，或思想开了一会儿小差的人，仍然可以很容易地推测别人听到了什么。因为有许多重复和结构，即使只关注了结尾的人，仍然可以知道只关注了开头的人听到了什么。长远看来，年复一年地以同样的方式举行仪式使年轻人相信，他听到的就是年长者几年前听到的，也使年长者相信，他所知道的，未来的人也会知道。仪式中连续事件的确定性，不是通过强制反应，而是通过帮助产生共同知识来产生权威。

布洛克还在公式化语言中纳入了"部分词汇"和"来自某些有限来源（如经文和箴言）的实例"（Bloch，1974，p.60）。仪式的这两方面也有助于产生共同知识，所有人都明白，词汇和实例的使用是司空见惯的，不可能造成任何混淆。坦比亚（Tambiah，1985，p.128）发现，仪式应用"多种媒体从而使参与者全身心体会这一活动"；因此，参加仪式的个人非常确信其他人也体验着同样的事情——如果不是通过一种媒体的话，那就是通过另一种。类似地，特纳（Turner，1968，pp.21，269）指出，虽然仪式包含"丰富的多重意义的象征性质"，但它是"一个戏剧性的统一体，在这个意义上，它也是一种艺术作品"。换句话说，仪式采用几种平行的方式表达同一件事情，因此每个人都知道，即使另一个人可能没有用一种方式"理解它"，他也可 *30*

以用另一种方式"理解它"。观众的参与——例如呼喊和响应——帮助创造共同知识：每个人都可以从别人的手势或言语中看出他们是否关注。坦比亚引用了 A. R. 拉德克利夫–布朗（A. R. Radcliffe-Brown）对舞蹈的解释（Tambiah，1985，p. 123）：使得"许多人参与一些相同的动作，并作为一个整体完成动作"。虽然人们可以说，"身体的运动是一种类型的语言，而象征信号是通过各种各样的动作，在人与人之间进行传播"（Bloch，1974，p. 72），我们的解释比较简单：团体舞"作为一个整体"是创造共同知识的一种理想方法，因为如果任何人失去兴趣，每个人都会立即发现，原因是运动模式被打乱了。

◎ 向内的圆圈

正如我们在前面的公交车例子中所提到的，产生共同知识的一种特定方法是视线接触。对于较大的团体，最便于视线接触的方式，是人人面对面围成一个圆圈，这使每个人都能看到其他每个人是否在关注。也许这是向内的圆圈有助于协调的一个原因。

在遍布于现在美国西南部的古建筑结构中，有一个共同特征是大地穴。大地穴部分建于地下，呈典型的圆形，想来人们是面对面坐着；有的巨型大地穴中有沿墙搭建的长凳（如图 1 所示）。例如在新墨西哥州查科峡谷"普韦布洛波尼托"① 中的"巨型大地穴"，它有令人印象深刻的特征，比方说墙上存放珠子的壁龛。其建造的困难程度表明了它的重要性："在有限的意义上，巨型大地穴可以被认为是公共纪念性建筑"（Lekson，1984，p. 52；Lipe and Hegmon，1989）。大多数解释者认为，大地穴，尤其是巨型大地穴，是用于举行公共活动的乡村仪式结构，其目的在于整合村庄中的众多家庭和家族，大概会涉及解决协调问题。

31

图 1　新墨西哥州查科峡谷的巨型大地穴

---

　① 　普韦布洛波尼托（Pueblo Bonito），19 世纪被美国军方探险家发现，他们的西班牙向导称之为 Pueblo Bonito，即"美丽的村镇"。这里从公元 9 世纪起存在高度发展的文明，但随后不知因何故于 12 世纪被放弃。——译者注

　　在对美国和加拿大市政厅的调查中，查尔斯·古德塞尔（Charles Goodsell, 1988, p. 158）发现，弧形的一圈圈座位，比传统的平行直线形座位令人感觉更友好：它们"有助于造成在座者紧密联系在一起的印象"。沃思堡市的市政厅座位的分布是一圈圈向内的同心圆（见图2）；建筑师爱德华·达雷尔·斯通（Edward Durrell Stone）希望"市议会与市民大会一脉相承。……在圆圈里，观众相互之间以及与市议会成员之间都能进行视线接触，从而使他们得以观察众人的感觉和反应"（Goodsell, 1988, p. 166）。注意古德塞尔对圆圈形座位的解释是基于内容的，即对其意义的解释；而斯通的解释则是基于共同知识的，即人们看见彼此的可能性。

图2　得克萨斯州沃思堡市的市政厅

莫娜·奥祖夫（Mona Ozouf，［1976］1988，pp. 130 - 131）发现，在法国大革命的"自由节"节日中，圆圈形式被认为是最合适的（见图3）：存在着一种"对露天圆形剧场的痴迷……它使观众平等地分享他们的感情，完美地相互看见"。另一个原因是组织者想要通过尽可能淡化节日的边界来强调包容性；一个圆圈可以被最外面的观众很好地封闭，而当更多观众到达时，又可以有机地扩大。最后，"圆圈是举国一致的象征"。

图3　自由节，1792 年 10 月

上述最后一个原因又一次依赖于表演的内容，即圆的象征意义，而第一个原因则依赖于共同知识，即人们可以相互看见。奥祖夫（Ozouf，［1976］，1988，pp. 308，131）引用当代评论者的观点很好地建立了这种区分：根据小穆耶法里纳（Mouillefarine fils）的说法，"圆更多地是不朽事实的象征，其稳固性来自再结合与和谐一致性"；德·瓦伊（De Wailly）写道："位于包厢前的观众成为极佳的展示，其中每一个观众都被所有其他观众看到，而这有助于每个人分享彼此的快乐。"那么，圆圈是象征还是传播技巧呢？

奥祖夫（Ozouf，［1976］1988，p. 136）直截了当地回答："把教堂转化为'旬日庙'的最重要之处，不是把昔日的永恒之父转化为时间之父……这种转化的本质，可以在那些被废弃的小礼拜堂中、在那些被截断的耳堂中、在教堂内部通过旗帜、墙幔、叶饰改造出的一览无余之处中找到。"这不仅仅是一个改变象征的问题，而是改变典礼空间的物质性，使得人们很难不在同时被你看见的情况下看见你，这就更好地产生了共同知识。

◎《码头风云》

向内的圆圈象征团结的一个原因，或许在于它产生共同知识，就像仪仗剑象征权力的一个原因是它类似于实际的武器。下面我举例说明，向内的圆圈如何非常具体地应用于《码头风云》中。《码头风云》是1954年的一部故事片，由伊莱亚·卡赞（Elia Kazan）导演，巴德·舒尔贝格（Budd Schulberg）编剧，讲述了绝望的码头工人如何逐渐联合起来，对抗工会腐败的"官员"的故事。帮派的团结用他们聚成圆圈来强调（见图4）。

图4 "发薪日"，取自《码头风云》

码头工人的被动和无能为力也通过空间来强调：他们从来没有出现在自己的居所中，而是暴露在户外。当地的神父巴里（Barry）尝试在他教堂的地下室召开会议，工人们散坐在座位上，避免视线接触，一言不发；会议很快就被帮派成员用棍棒打断。当他们逃跑时，巴里说服卡耀·杜根（Kayo Dugan）为正在调查腐败行为的犯罪委员会出庭作证（早些时候，乔伊·多伊尔

[Joey Doyle] 因为作证被杀）。在这个工人和其他人之
35　间的第一次严肃视线接触中，巴里神父承诺："你挺身
而出，我会为你挺身而出。"

当杜根将威士忌酒箱搬进船舱时，一堆箱子"意
外"地落在他身上。巴里神父致悼词，号召工人们挺
身而出，这是电影的转折点。当杜根的遗体被安放在船
舱的甲板上时，电影中对工人们进行刻画的场景很具有
代表性：到处都是箱子和碎玻璃，人们四下观望，场面
杂乱不堪（见图5）。

图5　准备起吊，取自《码头风云》

然而形势很快就变得清晰，这是工人群体第一次共
同经历某些事件——葬礼仪式，是工人们第一次对某些

事件具有共同知识。巴里神父和波普·多伊尔（Pop Doyle）陪伴着杜根的遗体，吊车将他们向上提升。这一场景很像希腊的圆形剧场，在阶梯式同心圆座位上布满观众（见图6）。

图6　船舱变身圆形剧场，取自《码头风云》

　　由于《码头风云》中的一个信息是，"背叛"以前 *36*
的朋友可以是英雄行为，该片显然与卡赞自愿为众议院非美事务调查委员会作证有关（例如见 Biskind，1975）。但是公开的和私人的、强势的和有障碍的传播，不仅仅是一句"潜台词"，它实际上是一个反复出现的主题。在全片中，不断有船的鸣笛和蒸汽机的轰鸣，提醒我们雇主的力量及其公开传播的能力。当特里（Ter-

ry）告诉乔伊的姐妹伊迪·多伊尔（Edie Doyle），他无意中卷入了乔伊的谋杀时，伊迪的反应是先用双手捂住耳朵，然后捂住眼睛，最后捂住嘴巴。在《码头风云》之后，卡赞和舒尔贝格继续进行对公开性的探究，于1957年拍了电影《登龙一梦》（*A Face in the Crowd*），影片中阿肯色州的一个流浪汉被记者发现很能聊，便让他做了电台节目，随后又让他上电视台演出并意外走红。但是该流浪汉有更大的雄心，进而成为一名蛊惑民心的政客。

◎ 相信炒作

37　　虽然广告的总体社会重要性得到普遍认可，但目前还完全不清楚它究竟是如何起作用的。戴维·W. 斯图尔特（David W. Stewart, 1992, p. 4）指出："对广告的研究超过了 90 年，但广告的有效性问题仍然悬而未决，这令人不解，也叫人有点儿尴尬。……广告在什么条件下有效，以及哪些具体形式有效，人们对此并不是很清楚。"迈克尔·舒德森（Michael Schudson, 1995, p. 22）解释道："不假思索地相信媒体的巨大力量的人们，必定对媒体的影响多么难以衡量感到十分惊讶。……'我们真的没有了解很多'［一位媒体顾问说]。'如果我们了解得更多，我们就有麻烦了'。"这里我要论证的是，从产生共同知识的角度看，可以得到对广告的部分理解。

由于种种原因，买一件特定的商品可能是一个协调问题。一个技术性原因包括"网络外部性"（Katz and Shapiro，1994）：一个人在其他人也购买的情况下更有可能购买苹果电脑、传真机或 DVD 播放器，因为随着其他购买者数量的增加，这个人的购买行为产生的效用也随之增加。"当你去欧迪办公（Office Depot）买传真机时，你不仅仅是买了一个 200 美元的盒子。你还用 200 美元购买了连接其他所有传真机的网络"（Kelly，1997）。社会原因也可能相当有力：我想看电影《泰坦尼克号》，可能只是因为我想与我的朋友和同事谈论它。如果米勒淡啤（Miller Lite）很热门，我也许会更有可能购买它，这样当朋友来玩时，我可以向他们提供我预期他们会喜欢的啤酒。对于新引进的商品，可能会存在协调问题，因为加入新的潮流趋势很有趣或很与众不同，或者仅仅是因为如果一个人在购买一种新商品时知道别人也在购买这种新商品，他就不会感觉那么愚蠢。"如果有许多人想消费一种商品，那么它带来的乐趣会更大，因为人们总想紧跟潮流的脚步"（Becker，1991，p. 1110）。

有些人建议大众传媒不要只是向接收者发布消 *38*

息，也应该让每个接收者了解其他接收者的存在。詹姆斯·G. 韦伯斯特和帕特里夏·F. 弗伦写道（James G. Webster and Patricia F. Phalen，1997，p. 120）："关注新闻事件的人可能都知道有大量观众正在关注。这种认知是事件吸引力的一部分，而媒体一般都急于报道估计的全世界观众人数。"黛安娜·穆茨（Diana Mutz，1998）研究了大众传媒如何影响人们对他人意见的看法（也见于戴维森关于"第三人效果"的研究，Davison，1983）。娜奥米·沃尔夫（Naomi Wolf，1991，pp. 74，76）发现女性杂志"公开了一个事实，即女性强烈渴望跨越潜在嫉妒和预判的障碍进行闲谈。其他女人真正在思考、感觉和体验些什么。……所有人都可以用这样一种方式参与全球女性文化"。要想理解大众传媒是如何产生共同知识的，我们应该观察那些最需要共同知识的商品——"协调问题"型商品——的广告活动。

20 世纪 20 年代，有一个帮助开启了现代广告时代的非常成功的活动，那就是宣传李施德林的"口腔异味"（halitosis）广告活动。李施德林最初作为外科防腐剂销售，而后作为漱口水重新上市；"口腔异味"这一原来是描述口臭的晦涩医学术语，由于兰伯特制药公司（Lambert Pharmaceutical）变成了意指"口臭但并无多少危害"（Lambert，1956，p. 98）。广告的宣传力度巨大，在鼎盛时期，报纸和杂志的读者的合计人数达到每月 1.1 亿（Vinikas，1992，p.33），而漱口水的利润在 7 年中增长了 40 倍（Marchand，1985，p.18）。为了解释其成功，很容易想到"那十年讲卫生的风气"（Sivulka，1998，p.158），但这更有可能是结果而不是原因；该广告活动被认为是凭一己之力"使早晨漱口变得像早晨淋浴或早晨刮胡子一样重要"（Lennen，1926，p.25）。它也是第一批利用"广告剧"的广告活动之一，例如描绘一个孤独的年轻女人不知道自己有口臭，因此"常常做伴娘，但永远做不成新娘"。但该广告活动的成功不仅要归功于广告商与每个消费者之间有效的传播，而且要归功于共同知识的创造，即消费者之间的传播，不管这种传播多么隐秘。

"口腔异味"不仅是一种客气的说法，也是一个医学术语：广告文案表达得很清楚，口腔异味是"意为口臭的医学术语"，这样可以使人自忖他不是个别的邋遢之人，而是一种常见病的受害者，就像近来患慢性疲劳综合征的人设法使其被公认为一种"真正"的疾病以及"暴食匿名会"成员认为"'强迫性暴食'的命名有所帮助一样。它提醒我，我并不孤单，这是一个其他人也有的问题"（Chapkis，1986，p.25）。使用李施德林作为漱口水不是一个人可能会单枪匹马进行的尝试："在世纪之交，如果你把它含漱在口中，你会被认为是恶俗的。它原本应该被放在手术室的墙壁上"（Twitch-

39

ell，1996，p. 144）。一个人如果知道其他人也在尝试用李施德林来漱口，他就更有可能会这样做；于是这有助于使每个潜在的消费者都认为存在一整个子群体，他们具有同样的痛苦，因而可能尝试同样的疗法。

仅仅通过观察广告活动的宏大规模，每个人就可以推测其他人也在看广告。但除此之外，广告主题也始终如一地围绕（缺乏）共同知识的问题。口腔异味的受害者不知道其他人知道他有口臭。警句意思包括："如果你的朋友对你完全坦率"（见图7），"他们在背后说你"，"问你最好的朋友，如果你敢！"和"他不会故意这样做"（见《文学文摘》（*Literary Digest*），1921 年 11 月21 日，p. 45；1921 年 12 月 17 日，p. 54；1922 年 2 月 11 日，p. 59；1922 年 12 月 9 日，p. 58；又见 Marchand，1985，p. 18）。因为上流社会的朋友不可能公开明确地谈论此事，传播此事从而确保个人卫生条件满足
40 社会标准的唯一方式，是借助广告含蓄为之。一旦确立了元知识不完整这一前提，这些广告"自告奋勇地去填补传播和建议造成的许多空白之一"（Marchand，1985，p. 22）。同样是在20 世纪20 年代，高洁丝①的广告宣传活动面临相同的问题：它不是人们可以随意交谈
41 的话题（由于女人抵制点名购买这种商品，于是它以

---

① 高洁丝（Kotex），美国卫生巾品牌。——译者注

图7 "如果你的朋友对你完全坦率",

《文学文摘》,1921 年 11 月 21 日

无标识棕色包装商品的形式放在自助柜台中,妇女们可以自助取货,留下货款匿名购买 [Sivulka,1998,p. 163])。广告中称,高洁丝是"10 名上层阶级妇女中有 8 名使用"的东西,这便让妇女们备感安心。

李施德林口腔异味广告活动不应该被认为是一个更

图 8 "真实的故事" 俄亥俄州克利夫兰市雅各布球场。德夫绘图，1996

敏感、更不熟悉媒体的时代的典型产物。如图 8 所示，克利夫兰市雅各布球场的棒球迷们抬头看见一架飞机正拉着一条宣传匿名艾滋病病毒检测的横幅。显然，这里的讽刺之处在于，在阳光明媚的一天，像艾滋病这样一个容易受到抵制的敏感话题，公开地亮相于棒球场。艾滋病是我们这个时代的疾病，但是这里的宣传策略完全是类似"口腔异味"广告类型的：如果我知道做艾滋病病毒检测并非异常之举，我会更放心地去做，但我不可能通过日常交谈弄清这一点；然而，当人们在棒球场上抬头看着飞机时，显而易见，每个人都看到了同样的东西。

许多人认为广告"创造"了人们原本没有的"需求"。例如，在 20 世纪初，"明显可见的化妆在美国中产阶级看来是非常不得体的"（Vinikas，1992，p. 57）。但或许这不是创造个人单独需求的问题，而更多地是挖掘每个人内心深处想要符合社会标准的基本需求的问题，即这是一个一直存在的协调问题。因此，如在全国性的杂志上做广告那样产生共同知识的机制，在现有的共同知识机制——如朋友之间的交谈——作用最弱的事情上，会有最大的优势。例如如个人卫生和外观方面等"敏感"和"禁忌"问题。于是，人们在对抗现代广告的外部影响时，为削弱其优势，会试图在内部产生共同知识，"打破禁忌"，彼此畅所欲言。因此，例如，有

25 名妇女写了一本书，其全部内容就是公开谈论自己
的身体、外貌和自我形象，该书可以被理解为政治动
员："在分享我们的美丽秘密之前，不可能产生真正强
有力的结论"（Chapkis，1986，p. 3）。

当然，有些商品在某种意义上自己创造了需求，例
如，虽然人们确实存在对娱乐的一般需求，但对特定电
影的需求往往直到它上映时才会产生。如果一个人想看
热门电影，而这恰恰只是因为他想知道其他人都在谈论
些什么，那么看电影将是一个协调问题。举个例子，
"电影《独立日》是一个大型的元现象——观众以参与
其炒作为傲的伪事件"（Wolcott，1996）。哈里·赖辛
巴赫（Harry Reichenbach）是第一批电影和戏剧推介人
之一，其生涯差不多开始于跟着马戏团巡游，后来他推
出了道格拉斯·范朋克（Douglas Fairbanks）和鲁道
夫·瓦伦蒂诺（Rudolf Valentino）等明星。赖辛巴赫是
一位共同知识大师。当对手利里克（Lyric）剧院对其
客户 S. Z. 波利（S. Z. Poli）的布里奇波特（Bridge-
port）剧院的垄断地位构成威胁时，赖辛巴赫的反应
是，首先发起造谣活动，散布谣言说，利里克建立在流
沙上，很不安全；当然，如果这一指控是公开进行的，
它可能会遭到公开否认。接下来，当他得知利里克计划
首度开演，推出《离婚》和《在南方的天空下》两个
剧目后，他在当地报纸上登了半页广告，波利在广告中

43

"感谢那些希望他在本季重新上演《离婚》和《在南方的天空下》的少数人，但这两部剧已在布里奇波特长期频繁上演，半个城市都知道它们，因此他不会重新上演这两个剧目"（Reichenbach，1931，p. 130）。当然，没有人在此前看过这两部剧中的任何一部，但这个广告使每个人都以为其他每个人都看过了，因而不再去利里克剧院看戏剧。卡尔·桑德堡（Karl Sandburg，1936，p. 8）曾把月亮想象为广告牌（"爸爸，月亮应该做什么广告？"），但在他之前五年，赖辛巴赫就在克拉拉·金博尔·扬（Clara Kimball Young）电影的首映宣传画中把曼哈顿的天空染成绿色（Reichenbach，1931，p. 164）。

20 世纪 70 年代以来，好莱坞见证了"高概念电影"——意为一上映就有大量观众——与日俱增的主导地位（Wyatt，1994）。以前电影通常会在纽约首映，然后逐步在全国范围内上映。但情况在 20 世纪 70 年代以后发生了改变。当电影《比利·杰克》（*Billy Jack*）按传统方法首映效果不佳以后，它于 1973 年 5 月在南加州重新放映，"一周内的广告支出达到闻所未闻的250 000 美元。……收益是惊人的：第一周的票房总收入高达 1 029 000 美元，为当时南加州电影史上之最"（Wyatt，1994，pp. 110 - 111）。这种营销技术被称为"包剧场契约"，后来受到广泛模仿；现在的电影广告

44

通常都包含全国性的上映日期，大概是希望人们会在那特殊的一天前往电影院（De Vany and Walls，1999）。

这种趋势的影响已经远远超出了电影产业；苹果电脑的商业广告《1984》的灵感显然来自电影《星球大战》（*Star Wars*）的营销（Johnson，1994）。如今，庞大的营销活动经常利用市场营销中的"协同"优势：举一个早期的例子，随着电影《金刚》（*King Kong*）1976 年的首映，《金刚》纪念瓶、《金刚》运动衣、7-11 便利店《金刚》杯、《金刚》花生酱杯和 GAF 三维魔景机①《金刚》幻灯片纷纷上市（Wyatt，1994，p. 150）。这一趋势的代表人物是篮球运动员沙奎尔·奥尼尔（Shaquille O'Neal），他在产品代言［包括锐步（Reebok）、斯伯丁（Spalding）和百事可乐（Pepsi）］、视频游戏、书籍、说唱录音和电影角色中，以始终如一的相同形象、相同商标名称"Shaq"乃至相同的"Shaq"标识出现。迈克尔·乔丹（Michael Jordan）则是早期营销时代的代表，他在每一个产品代言中均以不同的形象出现（Lane，1993）。

近来，赖辛巴赫大吹大擂的推销做法（hucksterism）已经被计算机产业重新采用。1995 年 8 月 24 日，

---

① GAF 三维魔景机（GAF Viewmaster），Sawer 公司生产的一个带有两个目镜的装置，插入幻灯片后可观看三维影像。——译者注

微软在帝国大厦点亮红色、蓝色、橙色、绿色灯光推销其 Windows 95 操作系统。这是一次前所未有的全球营销活动，据估计广告费总额高达 10 亿美元（Auerbach and Crosariol，1995）。微软购买了伦敦《泰晤士报》（*Times*）一天所印的全部报纸并与自己的广告增刊一起免费发放；在当时世界最高的独立式建筑——多伦多电视塔——挂了约 180 米长的 Windows 95 横幅广告；把约四层楼高的 Windows 95 盒子拖入悉尼港；把软件的第一份副本交给当时的菲律宾总统。炒作是必要的，因为正如一位行业分析师所说，"如果没有什么人决定升级的话，不升级将成为一个自我实现的预言"（Helm，1995）。换句话说，人们只有当认为其他人会升级时才会升级，升级是一个协调问题。如微软的联合创始人比尔·盖茨（Bill Gates）所说，"你必须创造许多激情来克服惰性"（Helm，1995）。对于计算机操作系统这样的协调问题型商品，你需要的不仅仅是激情：你还需要共同知识。

美国的最佳共同知识发生器是超级碗——电视上定期播出的最热门节目。自从在 1984 年超级碗中宣传苹果电脑以后，超级碗已成为推销新产品的首要展示手段："发现卡"（Discover card）在 1986 年超级碗中推出的广告不少于 6 个（Horovitz，1987）；克莱斯勒（Chrysler）的新车型"霓虹"（Neon）、各种耐克

45

（Nike）和锐步的新运动鞋型号和不太成功的水晶百事
（Crystal Pepsi）等诸多产品都在那里首次亮相（Lev，
1991；Johnson，1994）。"发现卡"是"网络外部性"
的一个很好的例子：消费者只在有足够数量的零售商接
受它时才会使用它，而零售商只在有足够数量的消费者
使用它时才会接受它。人们在知道其他许多人会购买一
款新车时更有可能购买这款车。举例来说，一款不受欢
迎的汽车维修起来可能更困难或更昂贵。如果人们想表
明他们追求时髦，那么购买在一定程度上属于公众消费
的商品——如汽车、服装、鞋子、啤酒和软饮料——可
能会是一个协调问题。

我们如果看一下1989—2000年在超级碗中的典型
广告客户或产品（见表1，根据《今日美国》［*USA
Today*］的报道汇编），可以看到"社会性商品"如汽
车、啤酒、软饮料、电影、服装和鞋——其购买可以被
理解为协调问题——在广告数量上的优势，而"非社
会性"商品如电池、机油和谷类食物的广告则相对较
少。啤酒、汽车和剃须器产品广告的数量优势可以解释
为广告的推销人群以男性为主；然而，大多数软饮料
（例如健怡可乐）广告以及金融服务（如美国运通）
广告并不是专门以男性为目标的。同样值得注意的
是，数量上占优势的经典"网络经济"企业如联邦快

47

递、美国电话电报（AT&T）和威士卡（Visa），在其目标人群或产品关联方面似乎与超级碗并无明显联系。

表1 1989—2000年超级碗的典型广告客户或产品

类别	广告数量	典型广告客户或产品
啤酒	86	百威（Budweiser）、芽光（Bud Light）
软饮料	71	百事可乐（Pepsi）、健怡可乐（Diet Coke）
汽车	70	道奇（Dodge）、丰田（Toyota）、日产（Nissan）
通信运输	49	联邦快递（Fedex）、AT&T、诺基亚（Nokia）
电影	39	《独立日》（Independence Day）
服装和鞋	37	耐克（Nike）、锐步（Reebok）
金融服务	33	威士卡（Visa）、美国运通（American Express）
快餐	20	麦当劳（McDonalds）
家用药	20	布洛芬（Advil）、对乙酰氨基酚（Tylenol）
网站	20	求职网站 Monster. com
零食	20	多力多滋（Doritos）
电脑产品	13	英特尔（Intel）、苹果电脑（Apple）
剃须器	10	吉列（Gillete）
锁具	8	玛斯特锁（Master Lock）
消费性电子产品	6	松下（Panasonic）

续表

类别	广告数量	典型广告客户或产品
食品	6	荷美尔辣椒酱（Hormel Chili）
轮胎	6	固特异（Goodyear）、米其林（Michelin）
航空	4	达美航空（Delta Airlines）
邮轮	4	挪威邮轮航线（Norwegian Cruise Lines）
酒店	3	假日酒店（Holiday Inn）
零售商店	3	西尔斯（Sears）、适足（Just For Feet）
电池	2	雷奥瓦克（Rayovac）
租车	2	赫兹（Hertz）、阿拉莫（Alamo）
谷类食物	2	通用磨坊（General Mills）、家乐氏（Kellogg）
跑步机	2	索罗弗来斯（Soloflex）
机油	2	美国快克机油（Quaker State）
公共服务	2	美国人口调查局（U. S. Census）
洗发水	2	赛尔森洗发水（Selsun）
吸尘器	2	德沃（Dirt Devil）
录像带出租	2	百事达（Blockbuster）
建筑材料	1	康宁（Corning）
除臭剂	1	费伯奇（Faberge）
眼镜	1	陆逊梯卡（Luxotica）
摩托车	1	雅马哈（Yamaha）

超级碗广告的最新趋势是出现了宣传网站的广告。在 1999 年的超级碗中，只有网站的三个商业广告：HotJobs. com 将其年收入的一半花在一个广告上，而 Monster. com 购买了两个广告时段（McGraw，1999）。然而在 2000 年，13 个网站加入超级碗。HotJobs. com 和 Monster. com 都是求职网站，它们的发展是一个非常纯粹的协调问题：求职者只有在知道可能的雇主也关注同一网站时才会想要在求职网站上找工作，反之亦然。Monster. com 的广告策略与共同知识有关，而与超级碗的"声望"或目标人群无关。这一点也可以从它购买芭芭拉·沃尔特斯（Barbara Walters）独家专访莫妮卡·莱温斯基（Monika Lewinsky）的节目中的广告时段得到强化。这是一个被大肆炒作的电视事件，其收视率接近超级碗的水平。《广告周刊》（*Adweek*）指出："也许这并不意味着什么，但决定在上周三的芭芭拉·沃尔特斯独家专访莫妮卡·莱温斯基的节目中播出广告的互联网公司的数量之多，令我们大为惊讶，因为其他广告客户据说选择避开了这个节目。……我们暂且称它为'丑闻超级碗'吧"（Taylor，1999）。

如果超级碗的庞大观众数量还不够明显，一些超级碗广告会将其列入主题：在"百威碗"广告中，一种百威啤酒与另一种百威啤酒在一个容纳了 16 000 名百威罐观众的"体育场"中争斗（Kahn，1989）；在罗德

48

59

金（Rold Gold）椒盐脆条小零食的广告时段，面对体育节目主持人的惊喜和狂热人群的欢呼，贾森·亚历山大（Jason Alexander）仿佛在超级碗比赛中空降球场。超级碗作为突出地点，甚至被用作象征。联合派拉蒙电视网（UPN）就利用了"超级星期天"，在《星际迷航：航海家号》（*Star Trek：Voyager*）电视剧首映的平面广告中宣称："在超级星期天之前，准备好迎接超级星期一吧！我们即将推出一家新的电视网和一艘新的星际飞船，大胆地带你前往没有人去过的地方"（《芝加哥读者》［*Chicago Reader*］，1995 年 1 月 13 日）。这种联结不是维系于橄榄球，而是维系于共同知识的创造。如果每个人在认为他的朋友们也会看时更有可能观看，那么上述说法就是有道理的。

自从有线电视尤其是互联网出现以来，普通电视网的收视率整体上一直在下滑。"与 20 世纪 60 年代的热门连续剧如《贝弗利山人》①相比，电视连续剧大片《宋飞正传》②按观众数占比计算只及前者的三分之一

---

① 《贝弗利山人》（*The Beverly Hillbillies*），1962—1971 年间在 CBS 播放了 9 季的热门电视连续剧，描述一个因采油致富的家庭迁入贝弗利山庄，用他们的草根方式震撼了这个特权社区。该剧收视率一直很高，并多次获奖。——译者注

② 《宋飞正传》（*Seinfeld*），20 世纪 90 年代美国备受推崇的情景喜剧，它讲述了四个平常人的生活，主角并没有光鲜衣着，也没有奇能异才。该电视剧除具有巧妙的故事构思之外，还暗藏着哲理，被很多大学当作研究课题。——译者注

（Rothenberg，1998），在那个年代里，大如家具的电视机是家中的"电子壁炉"（Tichi，1991）。诸如超级碗（更广泛的内容见 Dayan and Katz，1992）这样的重大新闻事件是电视的最后据点：尽管日益分化，"与全国所有人在同一时间一起观看热门节目的共同乐趣"仍然存在。"哥伦比亚广播公司（CBS）总裁霍华德·斯塔林格（Howard Stalinger）断言'经验共享是电视的价值'"（Zoglin，1993）。甚至连"新媒体"的代言人也意识到共同知识的重要性。利用互联网，一个人可以轻松地定制自己的日报，使之只包括那些与他自身利益有关的故事。然而，一家网络营销公司的负责人戴维·温伯格（David Weinberger，1995）指出："这样的微观客户定制将会剥夺报纸和其他文字资料的一个主要优势：帮助向群体提供一种社区意识。……我正在看的文字对所有收到它的人来说是相同的……这一事实建立了有关我们作为一个社区应该知道的东西的期望基准线。" *49*

乔治·W. S. 特罗（George W. S. Trow，1997，pp. 88，36）写道："电视史上最重要的时刻是，一个叫理查德·道森（Richard Dawson）的人，《家庭问答》①节目的'主持人'，要求参赛者猜一下，一项对一百人

---

① 《家庭问答》（*Family Feud*），一个非常著名的美国电视节目。节目组事先将准备好的问题问 100 位路人，把得到的答案收集起来，参赛者需要猜出频率最高的答案。——译者注

进行的、猜测美国女性平均身高的民意测验的结果如
何。"特罗接着抱怨道："没有丝毫现实意义，无处可
见事实。……我想知道从哪个方面讲这个节目的制作人
不应当受到谴责。"难道电视的主要目的是传播事实？
如果说《家庭问答》是电视史上重要的节目，那会是
因为它奖励那些知道别人知道些什么的人。

◎ **公开性的代价**

电视广告不仅提供趣闻轶事，也提供定量证据。这
里我观察了三个有代表性的月份（1988 年 10 月、1989
年 2 月和 1989 年 7 月；笔者可搜集到相关数据资料）
在美国三大电视网［美国广播公司（ABC），哥伦比亚
广播公司（CBS）和全国广播公司（NBC）］做广告的
119 个品牌。通过查看给定品牌在什么节目上做广告，
找出每个节目的目标人群和成本数据，就有可能对该品
牌的整体广告策略有一个初步的了解。

如果一种商品的其他购买者越多，一个人就越有可
能购买，那么这种商品就可被称为"社会性"商品；
买一种社会性商品是一个协调问题。如果我们假设观众
通常知道哪一个节目是热门的，我们可以说，当一种商
品在一个热门节目上做广告时，不仅很多人看到了广

告，而且每个观众都知道其他许多人看到了广告。因此，我们的论点是，社会性商品应该在热门节目上做广告。这里的数据资料表明，社会性商品确实在较热门的节目上做广告，而且社会性商品的广告客户愿意为此支付更多的观众人均费用。 *50*

尼尔森媒体研究中心（Nielsen Media Research）估算了几乎每个电视网节目的观众规模（"收视率"）和目标人群数据。尼尔森媒体研究中心还估算了电视网给定节目商业广告时段的收费，但依据的是电视网的报告，而不是实际交易值。事实上，给定节目的广告时段通常没有"自己的"价格，往往是在复杂的谈判过程中批量成交的（Poltrack，1983）。可获得的成本数据仅此而已（1980 年提供给美国联邦通信委员会的实际合同除外；见 Fournier and Martin，1983），但至少它们来自广告客户和电视网本身。关于哪种品牌在哪个节目上做广告的信息，是我们的数据集合的最大限制：我们只能得到作为尼尔森媒体研究中心客户签约的品牌的信息，而且仅限于 1988 年 10 月、1989 年 2 月和 1989 年 7 月（相关描述见 Webster and Lichty，1991，p. 222）的信息。这相当有限的 119 个商品（品牌）的样本既不是随机的，也不是代表性的，但至少对于每个商品（品牌），我们知道它在尼尔森媒体研究中心选择的代表一个电视季的三

个月里包括全部成本和目标人群详细数据在内的完整电
视广告策略。

表 2 按类型展示了一些社会性商品（品牌）和非
社会性商品（品牌）；很粗略地，我在"社会性"商
品（品牌）中包括了那些人们通常在家庭之外消费的
东西，且电脑也列入了其中：在我们的样本中，社会性
商品（品牌）有苹果电脑、国际商业机器公司（IBM）
硬件、美国陆军、达美乐比萨（Domino Pizza）、嘉露
葡萄酒（Gallo Wines）和 13 种啤酒品牌。电脑被界定
为社会性商品是基于其技术兼容性。把啤酒（葡萄酒
和比萨也相类似）归入是因为我可能更喜欢买一种我
认为客人都知道和喜欢的啤酒品牌，或者我可能不想成
为那个把一种奇怪品牌的啤酒带去聚会的唯一的人，又
或者我想参与所有其他人饮用同样啤酒的集体经验
（Pastine and Pastine，1999a，1999b）。这种分类相当随
51 意，但至少我们可以说通常在家庭内部消费的商品不太
可能成为社会性商品，因为没有人在乎别人在消费什
么。按照加里・贝克尔（Gary Becker，1991，p. 1110）
的说法："一个消费者对一些商品的需求，取决于其他
消费者的需求。……去餐厅吃饭、看比赛或者看演出、
听音乐会或谈论书籍都是社会活动，其中人们一起且在
某种程度上公开消费产品或服务。"

表 2 不同商品（品牌）类别的平均受众规模及每千户平均成本

类别	类别中的商品（品牌）数	类别中的典型商品（品牌）	平均受众规模（万户）	每千户平均成本（美元）
社会性商品（品牌）				
武装部队	1	美国陆军	590	10.1
啤酒	13	银子弹啤酒（Coors Light）	730	10.5
电脑	2	苹果电脑	540	9.5
比萨	1	达美乐比萨	950	9.1
葡萄酒	1	嘉露葡萄酒	790	9.1
合计	18		710	10.2
非社会性商品（品牌）				
婴儿护理	2	Chubs 婴儿湿巾（Chubs Baby Wipes）	460	4.8
洗浴用品	3	卡丽斯美容香皂（Caress Beauty Bar）	740	7.0
电池	2	劲量（Energizer）	530	5.8
漂白剂和洗涤剂	6	高乐氏漂白水（Clorox Bleach）	590	4.6
相机和胶片冲洗加工	2	佳能相机（Canon Cameras）	690	10.7

续表

类别	类别中的商品(品牌)数	类别中的典型商品(品牌)	平均受众规模(万户)	每千户平均成本(美元)
糖果	2	无忧口香糖(Carefree Gum)	610	4.2
谷类食物	27	家乐氏玉米脆片(Kellogg Crispix)	600	6.3
除臭剂	6	Arrid 除臭剂	560	5.2
食品	12	谢德涂布食料(Shedds Spread)	550	5.0
头发护理	10	海飞丝(Head & Shoulders)	550	5.0
家庭清洁剂	14	来苏儿(Lysol)	530	5.9
家用药物	10	努普林(Nuprin)	530	5.2
宠物食品	1	牛奶骨头饼干(Milk Bone Biscuits)	570	4.8
剃须器	2	吉列刀片(Atra Plus Razor)	780	9.7
牙膏	1	水晶莹(Aquafresh)	430	5.5
木材加工	1	明蜡涂料(Minwax)	450	4.1
合计	101		560	5.4

表 2 也显示了每种产品类型的平均受众规模和每千户平均成本。这些项目的意义可以用一个例子来说明：如果品牌 X 支付 25 000 美元购买一档受众为 900 万户家庭的节目中的一个 30 秒广告插播时段，又各支付 10 000 美元购买一档受众为 300 万户家庭的节目中的两个 30 秒广告插播时段，那么，品牌 X 的平均受众规模为 500 万户，而每千户平均成本为 3 美元，因为总成本是 45 000 美元，总共有 1 500 万"总印象数"（Webster and Lichty，1991，p. 192）。平均受众规模表明做品牌广告节目的热门程度，而每千户平均成本表明这些广告的昂贵程度。受众规模在这里用家庭数目衡量，在这段时间美国共有约 9 040 万户家庭。

首先要注意的是，社会性商品（品牌）的每千户平均成本总是高于非社会性商品（品牌）（剃须器、相机和胶片冲洗加工除外）。换句话说，啤酒和比萨厂商比电池和除臭剂的厂商愿意支付的每千户花费更高。如果啤酒厂商追求和除臭剂厂商一样的广告策略，它可以用相同的金钱得到大致两倍的总印象。其次，社会性商品（品牌）的受众规模往往大于非社会性的。非社会性类别的受众大多小于 700 万户，两项例外（洗浴用品和剃须器）；社会性类别的受众大多大于 700 万户，也有两项例外（武装部队和电脑）。如果我们排除苹果电 *54*

脑、佳能相机和美国陆军，因为它们是样本中仅有的成本远不止区区几美元的商品（品牌），这种区别就更清楚。

我们把所有119个商品（品牌）的平均受众规模和每千户平均成本绘制成散点图，如图9所示。第一个发现是，社会性商品（品牌）倾向于在热门节目上登广告。第二个发现是，社会性商品（品牌）的广告活动在每千户平均成本方面更高。

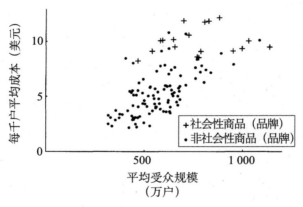

图9　每千户平均成本与平均受众规模

这些发现证明了我们的论点，但当然也存在不同的解释。第一种也是最明显的不同解释是，热门节目的受众具有更有利的目标人群特征。尼尔森媒体研究中心报告了超过40种人群类别，包括年龄、性别、区域、县的规模、城市还是乡村、家庭规模、是否有小孩、家庭收入和有线电视订阅状况等。因为我们知道每个节目的目标人群特征，我们又知道商家在哪个节目中做广告，因此我们可以确定一个品牌全部广告活动的受众人群的构成。

第二种可能的解释与广告活动一个月内的累积效应有关。这里存在一个"受众重叠"问题：两个商业广告，每个都有 500 万受众，但总受众可能少于 1 000 万人，因为两者有一定程度的受众重叠。因此，一个有 1 000 万受众的节目的商业广告插播时段，可能收费较高，尽管两者受众规模相同。幸运的是，每个广告活动的"四星期影响范围"（在一个月里至少看到一个广告的家庭的百分比）的数据是可得到的，我们可以用它来衡量累积收视率。

处理这些复杂因素的标准工具是线性回归，我们得到的结果如表 3 所示。这里我们考虑每个月的广告活动，共有 357 个观察数据。

表3　每千户平均成本相对于受众规模、目标人群特征、四星期影响范围以及是否是社会性商品的回归

每千户平均成本 （美元），回归于：	（i）	（ii）	（iii）	（iv）
社会性商品			4.29 ***	1.17 ***
平均受众规模	0.59 ***	0.25 ***		
职业妇女		0.16 *		0.42 ***
18~34 岁妇女		−0.06 *		−0.13 *

续表

每千户平均成本 （美元），回归于：	（i）	（ii）	（iii）	（iv）
35 ~ 49 岁妇女		− 0.03 *		− 0.27 *
≥50 岁妇女		0.02		0.06 ***
18 ~ 34 岁男子		0.13 *		0.03
35 ~ 49 岁男子		0.29 *		0.37 **
≥50 岁男子		− 0.08		− 0.25 ***
收入 > 60 000 美元		0.40 ***		0.36 ***
中东部		− 0.08		− 0.14
中西部		0.12		0.04
南部		− 0.08		− 0.13 *
太平洋地区		0.06		0.19 **
城市		− 0.05		− 0.12 *
半城市		0.08		0.09
付费有线电视		0.19 **		0 − .11
基本有线电视		0.04		0.26 **
四星期影响范围		− 0.000 1		− 0.001 5
2 月	− 0.98 **	− 0.72 ***	− 1.49 ***	− 0.73 ***
7 月	0.77 *	0.88 ***	− 0.45	0.30
截距	2.37 ***	0.22	5.89 ***	0.93
R^2	0.33	0.84	0.36	0.83

注：*** 显著性 $p = 0.001$；** 显著性 $p = 0.01$；* 显著性 $p = 0.05$。

在回归组（i）中，我们把每千户平均成本相对于平均受众规模和月（校正季节性）回归，发现对平均受众规模的相关系数为 0.59，数值很大，因而显著性很高。在回归组（ii）中增加了目标人群特征和累积收视率变量，平均受众规模系数下降为 0.25，但在经济上和统计上仍是显著的：因为受众规模的均值为 611 万，均方差为 259 万，以及每千户平均成本为 5～6 美元，所以把平均受众规模增加等于一个均方差的人数，每千户平均成本会增加 10%～15%。目标人群特征类别一目了然（城市代表属于 25 个最大都市地区的县，而半城市大致代表其他所有拥有 15 万以上人口的县）；尼尔森媒体研究中心报告中的某些目标人群特征类别，如家庭规模和是否有小孩，被排除在外，因为添加它们引起的变化不大。目标人群特征变量都以属于该组的广告活动总受众的百分比表示。例如，相对于一个职业女性占比 10% 的受众群，一个典型的广告客户会愿意为每千户平均成本多支付 16 美分，来覆盖一个职业女性占比 11% 的受众群。就目标人群特征类别而言，广告客户似乎愿意为职业女性、中年男性以及收入大于 60 000 美元的家庭额外付费。四星期影响范围的系数很 *56* 小，在统计学意义上不是显著的。

回归（iii）和（iv）未考虑平均受众规模，但考虑了对是否社会性商品的一个虚拟变量（如果是社会性商品，记为 1；如果不是，记为 0）。其结果是，在对目标人群进行校正后，社会性商品生产商明显愿意为每千户平均成本多付费（多 1.17 美元，约多 20%）；但累积收 *57*

视率不重要。

　　第三种可能的解释是，很少看电视的人倾向于只看最热门的节目。由于只有热门节目才能覆盖到这些人，因此热门节目的广告可以索要较高的价格，而社会性品牌的生产商可能愿意支付溢价以便覆盖到这些人。然而，情况似乎并非如此，如图10所示，其中显示了对一个月中的357个广告活动来说，广告活动总成本与四星期影响范围的关系。诚然，要想覆盖到剩余的家庭，费用将呈指数级增加；但社会性商品（品牌）始终如一地愿意在累积收视率的所有层面上支付更多，这也是不争的事实。

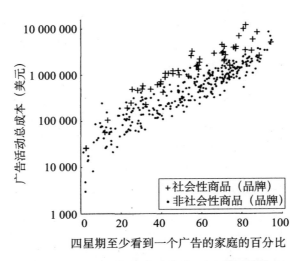

图10　广告活动总成本与四星期影响范围的关系

第四种可能的解释是，社会性商品（品牌）的广 *58*
告客户就是需要比非社会性商品（品牌）的广告客户
做更多的广告；因为商业广告插播时段总数有限，社会
性商品（品牌）的广告客户被迫购买更昂贵的节目中
的广告时段。图 11 显示了 119 个商品（品牌）的每千
户平均成本与（全年的）广告活动总成本的关系。这
证实了社会性商品（品牌）做广告一般比非社会性商
品（品牌）做广告更多的预测（例如见 Becker，1991，
p. 1113），但该图显示许多非社会性商品（品牌）也花
费相当大数量的广告费，虽然其每千户平均成本仍然少
得多。换句话说，社会性商品（品牌）的每千户平均成
本高，并不仅仅是因为它们广告做得多。

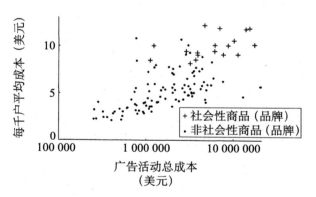

图 11 每千户平均成本与广告活动总成本的关系

另有几个不无道理的解释。热门节目可能更有趣，
因此受众也许能更好地记住广告内容（Webster and Li-

chty，1991）。花大价钱在热门节目上做广告这一事实本身就可以表明产品的高质量（Nelson，1974，Kihlstrom and Riordan，1984，Migron and Roberts，1986）。因为热门节目相对较少，对这些节目而言，电视网可能在与广告客户讨价还价时处于较有利的谈判地位，因此可以谈成较高的广告价格。热门节目可能简单地更具劝导性，更容易改变受众的购买偏好（Dixit and Norman，1978）。热门节目的受众规模和目标人群可能更容易预测，这对风险规避型广告客户更具吸引力（Fournier and Martin，1983）。所有这些解释能够说明为什么热门节目的受众人均费用较高，但不能说明为什么社会性商品往往在昂贵的热门节目上做广告。换句话说，并没有明显的原因可以解释为什么记忆、质量、劝导性和风险规避等问题更适用于社会性商品，而不是非社会性商品。

我们的分析存在的主要问题是，我们的社会性商品样本太有限，以针对男性的产品为主，特别是啤酒。正如我们所看到的，我们可以在一定程度上做些校正，但仍存在下述可能：我们描述的不是社会性商品的效应，而只是对啤酒饮用者的效应。解决这个问题的唯一令人信服的方法是，研究任何可得到的其他社会性商品的数据，特别是那些具有不同的目标人群特征的商品，如鞋子、衣服和软饮料。

另一个更具概念性的问题是，很难区分一个人之所以买一种商品，是因为他期望别人也会买，还是出于更简单的原因——因为他知道其他人知道这种商品。例如，玛斯特锁在超级碗连续做了 20 年广告，其 1991 年广告预算中的大部分用于购买一个广告插播时段，内容是关于枪击打不坏的一把锁（Amos，1991）。在购买锁的时候，我并不在乎别人是否买同一品牌，我在乎的是包括可能的小偷在内的其他人是否认为锁是坚固的。在这里，公共性并未引发协调问题，而可能仅仅只是产品的另一方面（Becker and Murphy，1993；Keller，1993，p. 4）。

很难独立判断一种商品是否属于社会性商品。然而，安娜·哈维（Anna Harvey，1999）和朱丽叶·肖尔（Juliet Schor，1998）已经在研究中发现，关于公开和非公开活动之间区别的一般想法是有实证价值的。哈维发现，在人们登记投票时可以公开注册他们所属党派的州，党派归属——例如通过询问某人是否认为他是某一政党的成员或他是否关心哪一政党获胜来衡量——的比例往往较高。这表明，党派是一个协调问题。如果党派归属主要与个人忠诚度有关，那么《政党登记法》不应该造成任何差别。肖尔考察了女性化妆品的使用情况，发现女性对在公共场合使用的化妆品如口红，更有可能购买昂贵的"名牌"，但对私底下使用的化妆品如面部清洁剂，则不太可能购买名牌。

我们对热门节目的受众人均广告费更高的发现，与跨地区而非跨节目的数据得出的结果类似。费希尔、麦高恩和埃文斯（Fisher，McGowan and Evans，1980）发

60

现，本地电视台收入的增加不仅与受众总户数有关，也与总户数的平方有关。类似地，奥蒂纳（Ottino，1995，p. 7）发现，本地电视市场规模越大，户均广告收入就越多。沃思和布洛克（Wirth and Bloch，1985，p. 136）发现，本地电视台对电视剧《风流军医俏护士》①节目中广告时段的收费与受众户数的关系是超线性增长的。对此又有许多可能的解释，包括不同地区受众目标人群和电视台营销能力存在差异等。我们的数据能够更好地检测纯粹的非线性，因为数据来自相同的全国受众和广告市场，并包括目标人群和累积收视率的完整测量方式。

如前所述，热门节目的受众人均费用更高，存在几种与之相容的解释。通过分析社会性商品广告客户额外支付大量费用来购买更热门节目的广告插播时段，我们得以提出具体的解释：较热门的节目生成共同知识，从而能更好地解决协调问题。无论如何，至少我们能说，我们的论点是可以经受实证检验的，而不仅仅是一个精巧逻辑。

◎ "强"关系与"弱"关系

61   群体协调的一个重要资源是其成员之间社会关系的

---

① 《风流军医俏护士》（*MASH*），1972—1983年的热门电视连续剧，描写朝鲜战争时期一个流动军医院中几名医生和护士的故事，是美国历史上收视率排名较高的电视剧之一。——译者注

模式。在对"社会资本"的讨论中，詹姆斯·科尔曼（James Coleman，1988）援引了韩国学生活动积极分子的"学习圈"作为例子，学习圈构成了组织活动的基础（详情见 Lee，2000）。詹姆斯·斯科特（James Scott，1990，p. 151）注意到，"传统人群行动中明显的社会协调，是通过非正式的社交网络来实现的，该网络把子群体成员……通过血缘关系、劳动交换、邻里关系、仪式实践或日常职业联系联合起来"。罗杰·古尔德（Roger Gould，1995，pp. 18－20）明确地描述了叛乱是一个协调问题，且共同知识是通过社会关系形成的："社会运动的潜在新成员，只有当他们认为自己打算加入的这个集体足够庞大而团结，能够通过发起动员确保一定的胜算时，他才会参加这一运动。他们做出这种判断所需信息的一个重要来源是……社会关系。[它是]共享利益的相互认可（以及对这种认可的认可等）机制"。

　　然而，在有些情况下，出现了一个与"强"关系和"弱"关系的相对有效性有关的难题。强关系和弱关系之间的区别是社交网络理论的一个早期见解（Granovetter，1973）。粗略地说，强关系联结亲密的朋友，而弱关系联结泛泛之交。一项一般性的实证（Rapoport and Horvath，1961）发现，强关系倾向于"缓慢"地遍历社会：从任意一个人开始，找到他的两个亲密朋友，再分别找到这两个人的两个亲密朋友，等等。随着你不断重复这一过程，群体缓慢增长，因为往往没有新人加入：我的亲密朋友的亲密朋友往往也是我的亲密朋友。如果换作依次添加两个泛泛之交，群体则迅速增长：我的泛泛之交的泛泛之交往往不是我的泛泛之交。弱关系快速地遍历社会：一个演示证明，在美国，任何两个人都可以仅通过六个弱关系而建立起联系（Milgram，1992；Kochen，1989）。弱关系往往分布广泛，而强关系往往是地方性的，且盘根错节。那么，要联结一个大社会，弱关系比强关系更重要；要传播信息，也是弱关系更为重要（Granovetter，1995；Montgomery，1991）。图12展示了强关系（社交）网络和弱关系（社交）网络的例子，各由30人组成，其中每个人都用一个点表示，而箭头指示信息流的方向。

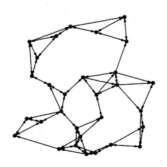

图12　强关系网络（左）与弱关系网络（右）

在这两个网络中，每个人都从3个朋友那里接收信息，因此两个网络有相同的"密度"，相同的总关系数。在强关系网络中，朋友的朋友很可能也是朋友，而在弱关系网络中，这种情况不大可能发生。相应地，在强关系网络中传播较慢，因为你从朋友那里获取信息，然后从朋友的朋友那里获取信息，然后从朋友的朋友的朋友那里获取信息，即便在重复 4 次后，你依然只获取了来自大约三分之一的人的信息。在弱关系网络中，在重复 4 次后，你就获取了来自几乎每一个人的信息。

如果协调行动依赖于传播，那么由于在弱关系网络中 63 传播速度更快，看起来弱关系网络应该更有效（Gould，1993；Macy，1991；Marwell and Oliver，1993）。令人困惑的是，大多数证据表明强关系更有价值。道格·麦克亚当（Doug McAdam）研究了 1964 年密西西比自由之夏[①]志愿者的数据。他发现，参与者与另一个潜在参与者的强关系的存在，对参与有正的强相关性；而弱关系的存在对于参与没有相关性（McAdam，1986；McAdam and Paulsen，1993；Fernandez and McAdam，1988）。在三个观察个人是否选择采用一项新技术的经典"扩散"研究中，新技术的采用率实际上与弱关系的存在负相关（Valente，1995，p. 51）。

我们可以说强关系不是通过传播而是通过一个完全不同的机制如社会影响起作用的："虽然弱关系可能在扩散渠道上更有效，强关系体现了影响行为的更大潜

[①] 密西西比自由之夏（Mississippi Freedom Summer），1964 年 6 月在美国举行的志愿者活动，其目的是争取尽可能多的非裔美国人登记参加选举。——译者注

力"（McAdam，1986，p. 80）。这种说法当然是合理的，社会关系无疑是几种不同事物——包括信息、影响和情感——的传递渠道。然而，我们的论点强调共同知识的重要性，说明即便仅仅从传播这一角度看，强关系也更胜一筹。换句话说，可以证明强关系即使只用于传播也具有优势（详情见 Chwe，1999b，2000）。

为了说明这一点，举一个简单的例子。假设我们共有四个人，并假设每个人都有一个人数为三的"门槛"，也就是说，只要参与集体行动的总人数达到三人，每个人都将愿意参与。考虑如图 13 所示的两种网络，广场型和风筝型，其中所有联系都是对称的（双向传播）。假设在决定参与之前，每个人都把他的参与意愿以及他的门槛告诉邻居。在广场型网络中，每个人都知道三个人知道人数为三的门槛：自己和自己的两个邻居。也就是说，每个人都知道，存在足够的集体情绪使集体行动成为可能。但假设我正在考虑是否参与。例如，对我的右方邻居，我知道些什么呢？我知道他有这个人数为三的门槛。我是他的邻居，因此我知道他知道我有这个人数为三的门槛。但我对位于我对面的他的另一个邻居一无所知，那个人可能不想参与。如果是这样的话，我的右方邻居可能不会参与。因此，我不能指望我的右方邻居一定会参与。所以，即便确实存在使集体行动成为可能的足够情绪，每个人也都知道这一点，但

还是没有人参与。协调失败，因为没有人知道其他人都
知道：这一事实不是共同知识。

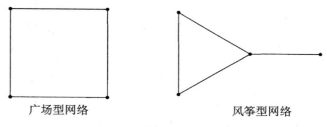

广场型网络　　　　　　　　风筝型网络

图13　广场型网络和风筝型网络

在风筝型网络中，"三角形"中的每个人都同样知
道他的两个邻居有人数为三的门槛。但在这里，每个人
都知道他的两个邻居是知道彼此的门槛的。在三角形里
的三个人中，三个人有人数为三的门槛的事实不仅每个
人都知道，而且每个人都知道其他每个人都知道。于是，
"三角形"中的三个成员参与，协调获得成功（至少是
部分成功；第四人并未参与，但他不在"三角形"中）。

在这个例子里，风筝型网络优于广场型网络。这个　65
差异不能用总和特性——例如关系的总数（在这两种
情况下均为4）——来解释，甚至也不能用更精细的量
度——例如每个人具有的邻居数量（在风筝型网络中，
两个参与者都像在广场型网络中的参与者一样，只有两
个邻居）——来解释。广场型网络和风筝型网络之间
真正的区别是一种结构上的差异。在风筝型网络中，由

于三角形中的每个成员都知道他的朋友们相互了解，因此每个成员都会参与。

但这恰恰是强关系的一般性优势。如果你和我是具有强关系的潜在参与者，你的朋友很可能是我的朋友，而我们的朋友对参与的渴望，是我们之间的共同知识。如果你和我是由弱关系联结的，我不认识你的朋友，而你也不认识我的朋友。换句话说，弱关系总是更有利于传播这一观点依赖于以下假设：传播的只是"一阶知识"，而不是关于其他人知道什么的知识。弱关系可能更有利于广泛传播，但强关系更有利于形成地方性的共同知识。当不存在协调行动问题，因此不需要共同知识时，弱关系更胜一筹：例如，弱关系更有利于寻找工作机会（Granovetter，1995）。然而，在社会协调方面，强关系有其优势。

在一个扩展性分析中，麦克亚当和伦内勒·保尔森（McAdam and Ronnelle Paulsen，1993，p. 658）发现，一些诸如宗教团体和民权团体的组织，给予一些个人"非常显著的身份和认同，并对基于此身份的行动提供了强有力的社会支持"。有趣的是，若在分析中既纳入组织从属关系又纳入强关系，强关系的强烈积极效果便不复存在。事实上，组织从属关系和强关系可能只是相同基础"变量"的不同指标，这一"变量"是：在所属的群体中，"想要参与"是共同知识。集体行动的实

证研究常常建立在调查的基础上：例如，当卡尔·迪特 66
尔·奥普和克里斯蒂娜·格恩（Karl Dieter Opp and
Christiane Gern，1993）对导致民主德国垮台的示威游
行的参加者进行调查时，他们只是简单地询问每个人是
否有朋友参加，并发现这是预测他是否参加的一个重要
变量。要想验证强关系和共同知识的重要性，也可以询
问每个人他参加活动的朋友们是否彼此认识。

我们经常想到产生于社区或"亚文化"的协调行
动，但社区从何而来呢？如果我们应用共同知识的逻
辑，会发现社区不像城市中心（其中每个人都有许多
分散的关系），而更像一个街坊（其中每个人可能只有
较少的朋友，但一个人的朋友们往往彼此认识）。

◎ 圆形监狱中的礼拜堂

杰里米·边沁常被认为是理性选择理论的创始人之
一，他还提出了"圆形监狱"的设计，对它进行了细
致入微的描述，并积极地游说了二十多年（Semple，
1993）。这个设计把监狱牢房排列成一个圆圈，环绕着
中央守卫塔，它在边沁的有生之年未能实现，对实际监
狱的建造影响有限。最近，它作为一个类比取得了更大
的成功："一种把权力机制简化至理想形式的示意图。"

米歇尔·福柯（Michel Foucault，1979，p. 205）如是说。这个圆形监狱从三个方面来构建可见性：警卫可以从唯一的有利位置看到所有囚犯，警卫可以看到囚犯而不被囚犯看见，囚犯不能彼此看见。因此，圆形监狱把囚犯牢房排列成一个圆圈，环绕中央"狱警监控室"，监控室装有百叶窗和烟色玻璃，以防任何人看见内部，分割囚犯牢房的"加长隔板"向内延伸，以阻挡囚犯之间的视线。这里我把这些特征称为中心性、不对称性和分离性。圆形监狱的运作逻辑通常被认为是十分明显的。但人们还不清楚这三个特点中哪一个是最重要乃至必不可少的，以及它们究竟是如何起作用的。圆形监狱何以成为圆形监狱呢？

　　边沁本人在他的原始信件中淡化了分离性。"于是，其实质在于狱警位置的*中心性*，结合众所周知的最有效的发明：*看见他人而不被他人看见*"；随后在附言中，边沁明确地说，加长隔板并非必需的（Bentham，[1791] 1843，p. 44）。边沁积极推广圆形监狱的概念，认为这一概念不仅适用于监狱，而且广泛适用于各类社会机构，包括医院、学校和工厂；在其中一些情况下，边沁（Bentham，[1791] 1843，p. 60）清楚地说明，不对称性和分离性两者都不是必选项。伊利诺伊州乔利埃特（Joliet）斯塔茨维勒惩教中心——美国少数几个使用圆形监狱的设施之一——的 F 单元只体现了中心

性：囚犯可以走动和交谈，即便当他们被关押在牢房
中时也可以看见彼此；如图 14 所示，中央守卫塔没
有任何遮挡，里面的警卫清晰可见（Foucault，1979，
plate 6）。

图 14　伊利诺伊州乔利埃特斯塔茨维勒惩教中心 F 单元

　　分离性的目的是显而易见的：防止囚犯之间的沟
通，从而防止协调行动。根据边沁（Bentham，［1791］
1843，p. 46）的说法，"制服警卫需要一群人携手同
心。但是这样一群人，从进监狱的第一刻起就再没瞧见
过任何其他人，他们怎么会携手同心呢？"按照福柯
（Foucault，1979，p. 200）所说的，"这种不可见性是
秩序的保证。对于被收容的已被判刑的犯人，就不存在
秘密策划集体逃跑的可能"。

中心性的目的似乎主要是效率：这样所需的警卫较少，劳动力成本较低（见 Randon，1998，关于洛杉矶新建的双塔最高安全监狱的研究）。不对称性也有助于

68 降低成本；因为囚犯永远不知道自己是否受到监视，他不得不表现得好像一直被人监视着一样。然而，圆形监狱并不是一项仅为削减成本而生的实践，而是一个完全不同类型的权力的原型。这里不对称性似乎是关键问题：正如南希·弗雷泽（Nancy Fraser，1989，p. 23）所解释的，圆形监狱是"把新知识的新产生过程与新类型的权力相联系的新的微型实践。……这一联系取决于注视的不对称性：它是单向的——科学家或狱长可以看见囚犯，反之则不然。……因为可见性的单向性使得囚犯不知道他们是否真的被监视着，这使他们将注视内化于心中，实际上在进行自我监视"。

根据福柯（Foucault，1979，p. 202）的说法，不对称性使看守和囚犯的"看见/被看见的二元一位①"遭到割裂。但这种分析是不全面的，因为它不考虑囚犯彼此之间的了解程度以及可能的沟通方式。事实证明，不

69 对称性有另外一个重要作用（为分离性所共有）：防止形成共同知识，进而防止囚犯间产生协调行动。

────────

① 在社会学中，二元一位（dyad）指两个人构成的最小可能的社会组合。——译者注

　　这种说法的证据，是福柯和在其之后的大多数其他观察者经常忽略的一个设计特点：边沁（Bentham，[1791]，1843，p. 47）在其附言中用一整段说明"向心性"的优点之一，在于它使得人们能够在狱警监控室的上方建造一个礼拜堂。这样囚犯能够"拥有不离开自己的牢房……便能做礼拜的好处。在工作场所和礼拜场所之间的道路上没有拥挤推撞；没有争吵或结党，没有脱逃的阴谋；也无须鞭子和脚镣来防止脱逃"。如图 15 所示，在边沁的设计中，清楚地展示了小礼拜堂的楼座（边沁计划让受人尊敬的访客坐下来与囚犯一起做礼拜）和地板。

70

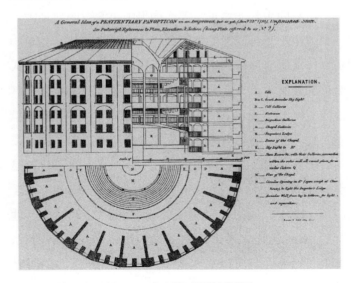

图15　边沁的"圆形监狱"

　　因此，边沁设想的圆形监狱不完全是监视结构，也是一种仪式结构。囚犯不仅是被监视的对象，而且——至少从有限的意义上说——也是受众。凑巧的是（对于边沁，这是圆形监狱的优点之一），这种使监视变得容易的中心性，也使得仪式容易进行。如果像边沁在他的附言中所说的那样将分离性弃之不顾，那么，唯一能够分辨礼拜堂与狱警监控室的特性，唯一使圆形监狱区别开圆形剧场的特性，就是不对称性。

　　因此，不对称性不仅影响观察者和被观察者之间的二元关系，它对阻止被观察者进行隐性沟通而形成共同知识也至关重要。例如，假设中央守卫塔没有任何遮挡，所有囚犯都能看见。那么如果中央警卫明显地睡着了，或由于某种原因失去活动能力或死亡，或者如果中央守卫塔明显地被囚犯所占领，这些情况就会产生令人激动的共同知识，从而引发暴乱；每个囚犯都会知道其他囚犯能够看见同样的事情。在不具有中心性的监狱里，例如守卫塔和牢房都是分散开的监狱，单一地点发生的事件成为公共信号的危险性要小得多。这不仅仅是理论上的担忧：约瑟夫·拉根（Joseph Ragen），于1936—1961年间担任斯塔茨维勒惩教中心的狱长，他"向参观者指出，塔上的警卫确实可以看见每个囚犯，每个囚犯也确实可以看见卫兵——可以看见他何时转身。所以，在使用守卫塔的同时，他也把警卫派到这些牢房区的其他重要位置"（Ericson，1957，p. 22；亦见Webster and Phalen，1997，p. 119，关于大量观众作为"逆转"的圆形监狱的研究）。这样，圆形监狱是不稳定的：有效监视的代价是容易逆转的结构。

为什么在边沁的设计中如此明显的礼拜堂，在福柯的阐述中却不见踪影了呢？在这一遗漏中是否有什么重要原因呢？福柯写道，对于中央守卫塔里的单一观察者 *71* 来说，监狱牢房"就像许多笼子，许多小剧院，其中每个演员都独自一人，极具个性化，且始终看得见"（Foucault，1979，p. 200）。如果我们把戏剧看作是一个集体经验，其中许多人都在观看同样的事情，并对同样的事情有共同知识，那么，福柯的观点是具有误导性的。相反，边沁（Bentham，［1791］，1843，p. 45）说，囚犯为主督察员和他住在中央守卫塔里的看守们提供了"对城里的闲坐者和空虚者来说源源不断的娱乐资源——从窗口向外看"。就"几个人朝外看各种各样的情景和物体"而言，边沁的比喻更合适。有人可能说，通过用剧场的想法来形容看守的监视，福柯让人们忽略了一点：圆形监狱可能实际上是囚犯的剧院。类似地，福柯（Foucault，1979，p. 203）推测，边沁可能受到凡尔赛宫勒沃（Le Vaux）小动物园的启发，那里从一间房向外望去可以看到七个笼子，其中各有不同种类的动物。但这个小动物园和监狱之间的唯一相似性是中心性

（大概没有必要阻止动物相互看见或回头看参观者）。
这个类比避免了在被观察者中形成共同知识的问题，因
而也避免了圆形监狱的不稳定性，因为想来动物没有彼
此协调聚众逃跑的本事。

福柯的总目标是建立一个历史性的转变，从以仪式
和典礼为基础的较古老的权力转变到圆形监狱所体现的
现代权力。通过圆形全景原则，"一整套社会类型出
现。古代是表演的文明。'为许多人提供对少量对象的
视察'：这是礼拜堂、剧院和马戏团建筑等所应对的问
题。……现代提出了相反的问题：'为少量甚至一个人
72 获取对一大群人的即时视察'。……我们的社会不是一
个表演的社会，而是一个监视的社会。……我们既不在
圆形剧场里，也不在舞台上，而在全景机器中"（Fou-
cault，1979，pp. 216 - 217；摘自 Julius，1831）。不管
人们是否接受福柯的推广论证，如果圆形监狱被认可在
其正中心建造一个仪式结构，那么它就不会是一个特
例。福柯认为，权力机制放弃表演而偏爱监视的历史原
因之一，在于表演的不稳定性：例如公开处决可以从国
家秩序的仪式突然转变为反对它的暴乱。但圆形监狱有
一个类似的不稳定性：如果没有茶色玻璃和百叶窗，它
就立刻转变为一个体育场。

即使没有礼拜堂，圆形监狱仍然有其仪式性的一
面；礼拜堂只是使这一点更加明显。边沁（Bentham，

［1791］1843，p. 45）指出，其"根本优势……是督察
员*明显的无所不在*(如果神容许我如此表达）及其*真实
临在*的非凡能力："不仅每个囚犯都处于监视之下，而
且每个囚犯都"明显"地知道，那种监视无所不在，
每个人都处于类似的监视之下。根据福柯（Foucault，
1979，p. 201）所说，"对囚犯进行监视的中央守卫塔，
总是巍然耸立在他面前"。换句话说，弗雷泽（Fraser，
1989，p. 23）的想法"全景监控……保持低调，无须
进行*古代体制*下权力实施所特有的表演性展示"并不
十分正确；中央守卫塔不是无形的，而是始终呈现的，
甚至是标志性的。"强大和通晓一切的高塔"听起来很
像是"国王的身体，有着物质上和实体上的奇异存在"
（Foucault，1979，p. 108），但后者应该正好与"圆形
监狱"相反。福柯（Foucault，1979）甚至收录了一张
图片，其说明文字为："一个囚犯在牢房里对中央守卫
塔跪地祈祷"。

如果把传播看成定向流，那么一个盛大的节日
（许多人看一个人）似乎与圆形监狱恰恰相反（一个人 *73*
看许多人）。然而，如果我们从许多人形成共同知
识——无论如何我都认为这是节日中的关键问题——的
角度考虑，那么节日和圆形监狱之间的相似性大于差异
性。节日通过强烈的图像、感觉和互动实现共同知识，
而监狱通过剥夺感实现：每个人除了赫然耸立、无所不

在的中央守卫塔之外什么也看不到，圆形监狱这一建筑中的每个囚犯都会立即明白，所有囚犯都只能看到这座塔，除此之外别无他物。在圆形监狱里，犯人被分开，但并未被"原子化"，即并未被分散，每个人都有他自己的私人经历；监视模式本身就是共同知识。在弗雷泽所述的那种类型的监视下，每个人都必须感到一种孤独的恐惧，认为监视只是针对他一个人的，不确定是否有其他人被同样对待。但边沁和福柯的"圆形监狱"并未做到这一点。

3　进一步说明

◎ 不同的解释

　　这里我简要地讨论与我们的解释形成对比的两种不 74
同的解释。第一种认为仪式通过直接的心理刺激影响行
为。例如，"有节奏的或重复的行为协调一群同种个体
的边缘放电（即情感体验）。它可以在一群人中产生一
种既愉快又相当一致的兴奋水平，从而促进必要的群体
行动"（Eugene d'Aquili and Charles Laughlin，1979，
p. 158）。这一说法很可能属实，但如前文所述，它不
可能是一个全面的解释。因为如果是的话，仪式就不需
要是一个集体事件，而可以简单地对每个人进行单独和
个别的激励。我们的论点的依据是，每个人不仅仅处于
与其他人相似的情绪或心态中，而且也知道有其他人处
于相似的情绪或心态中，知道其他人也知道这一点；如
果只考虑单一机体对刺激的反应，这一点不可能实现。

从另一个角度说，根据尤金·达奎利和查尔斯·劳克林（Eugene d'Aquili and Charles Laughlin，1979，p. 158）的说法，"解释人［在仪式中］的状态的最简单范例，是发生性高潮时的感觉……［其中］两个自主子系统感觉同时强烈释放。我们提出下列假设：当经受了有节奏的听觉、视觉或触觉刺激之后，人们能产生各种各样的狂喜状态，这些状态会产生一种与仪式的其他参与者联合的感觉"。不可否认，性高潮的生理反应有助于与另一个人建立亲密联系，但性高潮常常在很少或没有情感联系的情形下出现，甚至还会单独出现。

75　　　另一种解释是基于与一群人在一起对个人情绪的影响。其极端形式是"暴民心理学"或"群体心理学"背后的观点，尽管为经验观察所否定，它依然存在于公众印象中：例如，即便是在辛辛那提演唱会踩踏事件中，11 个人被试图进入滨河体育馆的人群踩踏致死，也很少有证据表明存在"残酷竞争"和大规模的恐慌，反而有大量证据表明人们彼此配合并相互帮助（Johnson，1987；Turner and Killian，1987；Curtis and Aquirre，1993）。当置身于一大群人之中时，人们的感情以及随之而来的行动，自然会视情况而受到影响。理查德·A. 伯克（Richard A. Berk，1974，p. 361）细致入微地跟踪了一个反对越战的自发性非计划示威，他注意到，当三名学生开始设置路障阻挡交通要道以后，"在路障旁的学生的回应是展开了许多同时进行的'谈判'。大家提出各种建议，并展开争论：'路障这个东西又蠢又危险，因为这是在破坏财产。我们为什么不直接在街上静坐？''你们这些家伙的做法太冒险了。你们会被逮捕或强迫休学的。我知道这对我来说不值得。'"当路障建成之后，"250 余名学生折腾了很久，许多还在继续争论。一小部分活跃分子强烈赞同设路障，另一群数量更少但同样活跃的人提出反对意见。大多数学生似乎犹豫不决，但最终选择暂时支持设路障，或者至少让它留在那里"。至少在这种情况下，同在人群中这一事实，一点也不像是让示威者团结在共同的喜悦或激情中；如果非要说些什么的话，置身于人群之中使得人们有可能进行对战术、代价和效益的讨论。

在一起带来的感觉对仪式和其他团体活动很重要；但若要把它当作一个主要的或起决定性作用的方面，就会产生一个不利条件，那就是一些相当明显的仪式实践并不涉及置身于人群中。丹尼尔·达扬和伊莱休·卡茨 76 （Daniel Dayan and Elihu Katz，1992，p. 145）发现电视上播放的重大新闻事件与逾越节①家宴很相似，"多年来充当了一种很有效的联合方法，它提供一种典礼结构，该结构考虑到地域上的分散，把值得记忆的时刻转变成一系列同时进行的、安排类似的、与家庭相联结的小事件，

---

① 逾越节，犹太教的一个主要节日。——译者注

但仍专注于一个象征性的中心"。贝内迪克特·安德森（Benedict Anderson，1991，p. 145）要求我们考虑"例如在国家节假日上所唱的歌曲。……唱《马赛曲》①、《丛林流浪》② 和《伟大的印度尼西亚》③ 提供了团结一致的机会，想象共同体得到了类似的物理实现。……这种齐唱给人的感觉是多么的无私！尽管我们意识到别人也与我们完全同时同样地歌唱，我们却一点也不知道他们是谁，甚至不知道他们在哪个我们听力范围之外的地方歌唱。连接我们的只有想象中的声音，此外别无他物"。即便当我独自在房间里唱国歌时，我仍然可以有强烈的团结一致感，这种感觉只是基于我知道其他人也在这样做。单是这一点就可以创造安德森所谓的"想象共同体"；一起在同一个房间里唱歌只是它的"物理实现"。即使没有迪尔凯姆（Durkheim，1912［1995］，p. 220）所说的任何"集体兴奋"，单独歌唱仍然可被称作是典礼，原因很简单：每个人都知道其他人也正在参与其中。

◎ **共同知识是不可能实现的理想吗？**

共同知识概念的最明显问题是，它似乎需要强大的

---

① 法国国歌。——译者注
② 澳大利亚著名的民谣，被称为"澳大利亚不是国歌的国歌"。——译者注
③ 印度尼西亚国歌。——译者注

认知能力：人们是否能够去层层（例如超过两层或三层）思考"我知道她知道他知道的……"？共同知识因此似乎是一个理想的、不切实际的概念。例如，阿里尔·鲁宾斯坦（Ariel Rubinstein，1989）给出了一个例子，其中两人拥有 99 层的元知识，但仍不能协调，因为他们没有第 100 层的元知识。有多种方法能够使共同 *77* 知识的概念不那么严格，但看起来更加合理。我们可以不要求我知道你是知道的，而是要求我以 90% 的概率相信你以 90% 的概率相信等（Monderer and Samet，1989；Morris，Rob and Shin，1995；Morris，1999）。我们也可以不把共同知识定义为任意多层次上的条件，而是一个递归步骤上的条件，这作为一个实际思维过程看来更加合理（Lewis，1969，p.52；Milgrom，1981）：假设当我们进行视线接触时，我们都知道我们是在进行视线接触，因此我知道你知道我们正在进行视线接触，等等。

也许对这一问题看起来最合理的处理方式，正如赫伯特·克拉克和凯瑟琳·马歇尔（Herbert Clark and Catherine Marshall，1992，p.33）所指出的，是人们启发性地识别共同知识。"如果 A 和 B 对于对方的理性做出某些假设，他们可以利用某些事态作为一下子*推断*无数条件的基础。"当我们进行视线接触时，我不需要深入考虑任何事情，我可以简单地从过去的经验推断，通常当我们进行视线接触时，共同知识就形成了。

举一个具体的例子，在施乐公司（Xerox）原来设计的施乐欧洲公园联盟实验室视频会议系统中，每个人都有一台摄像机和一台显示器。但一位欧洲公园联盟的女心理学家在与一位男同事联机时注意到了以下问题："我们都在为柔术训练换装，他用夹克遮住了镜头，于是我看不见他的办公室。我没多想，想当然地认为因为我看不见他，他也看不见我。我忘记了我的摄像机还是开着的"（McCrone，1994）。这位心理学家的错误在于误判了情景，把视频会议的情景与日常面对面会议的情景混淆了，并非在于错误地分析了"我知道他知道……"的层次。视频会议系统设计师的错误在于假设传播只是将消息从一个人传递到另一个人，即一阶知识。发生了这一事件以后，系统经过重新设计，其中包括一个"秘密"显示器，它向每个人显示自己的输出影像，但这不是一个近似于面对面传播的明确改进，在面对面传播中你可以看见对方的眼睛，看见他是否在看你。秘密显示器可以帮助你避免尴尬时刻，但它仍然不能帮助你知道其他人是否在看你。

因此，即使是设计和测试新的传播系统的人，在不熟悉的情况下也不会自然而然地透过几个元知识层进行思考。我们从经验中知道，共同知识是通过面对面会议和其他类似场合形成的。我在红色交通灯前停下来是出于习惯，但若要对这样做的原因做一个毫分缕析的论述，将会带来无限的回归：我停下来是因为我认为其他人准备停下来，并且我认为其他人之所以准备停下来，是因为我认为他们认为我将停下来，等等。

发现共同知识如何成为"真实世界"的一部分的另一种方式，是从认知的视角入手。例如实验心理学家问孩子们诸如"约翰是否知道玛丽知道冰激凌车在哪里?"的问题，并发现大致说来一定年龄以上的孩子（大约七岁）能给出可靠的答案，但更年幼的孩子则不能（Perner and Wimmer，1985）。黑猩猩可以追随其他黑猩猩和人类的目光，但当乞讨食物时，它们似乎并不能将一个蒙上眼睛的人（显然看不见乞讨的手势）和一个蒙上嘴巴的人区分开来（Povinelli and O'Neil，2000）。威廉·S. 霍顿和博阿兹·凯萨尔（William S. Horton and Boaz Keysar，1996，p. 94）进行的实验表明：一个人最初计划说的话，并未考虑听者的知识；共同知识后来才作为"具有部分监控功能的纠正机制的一部分"而出现，它可能导致话语的修正。最近的神经科学工作提出了"心理模块理论"的存在，它可能 *79* 位于大脑的前额皮层，使人能理解他人的精神状态；有证据表明孤独与这个模块的损坏有关（Baron Cohen，1995；关于"社会的大脑"见 Brothers，1997）。因此，共同知识不仅是一个理想，它是一个供实证研究的概念。不仅可以从社会实践方面，也可以从心理学、进化生物学和神经科学等领域对其进行实证研究。

◎ 意义与共同知识

这本书的一个中心思想是，在理解诸如仪式等文化实践时，必须考虑公开性——更精确地说，共同知识的产生——和内容。然而，虽然内容和公开性之间的区分从分析的角度看是有用的，但两者从来就不是完全分离的，而是有趣地相互作用的。

通过把内容和公开性分离，我们确实获得了一些必要的灵活性。丹尼尔·布尔斯廷（Daniel Boorstin，1961，pp. 5，57 - 59）抱怨说："*名人因其众所周知而被知晓。……'皇家认证'这个短语，当然是证明性背书的一种运用。但国王实际上是一个伟人，具有显赫的血统，拥有令人敬畏的实际权力和象征性权力。……他并不仅仅是个名人*。"但正如我们已经看到的，国王的"实际"权力至少部分地由"伪事件"构成，如皇室巡游。事实上，一个伪事件通常"*意在成为一个自我实现的预言*"（Boorstin，1961，p. 12；Cowen，2000）。早先，"*权力披上神秘秩序的外衣*"；如今，盖伊·德波（Guy Debord，[1967] 1995，p. 20）的"*表*

演的社会"是"自生的，制定它自己的规则：它是神圣的一种似是而非的形式。"这里的要点是，一个消息的内容是否为"真"有时并不重要：刘易斯（Lewis，1969，p. 39）指出："如果昨天我给你讲了一个关于在地铁走散的人们碰巧在查尔斯街再次见面的故事，而今天我们以同样的方式走散，我们可能会各自决定去查尔斯街等待。不管我告诉你的这个故事是否真实，不管你认为它是否真实，不管我认为它是否真实，甚至不管我说它是否真实，这些统统无关紧要。一个虚构的先例与一个真实的先例同样有效。" *80*

但内容和公开性不能真正分离的一个简单原因是，所有的传播都有假设的或隐含的受众。在约翰·奥斯汀（John Austin，1975）的术语中，一个言语行为不仅有"言内"之意，也有"言外"之意，后者与说话者在特定情况下的意图有关：例如，私下说"是的，我会嫁给你"和在朋友面前当众说出这句话，两者有着不同的意义。或许人们不说这是一本有关公开性区别于内容的书，而是说它是一本关于言外之意的某个方面的书。

内容和公开性能够以有趣的方式相互作用。有时内容指出了作为其理解环境的社会状况，其中包括对公共性的考虑：如果平装本畅销书在其封面上写有"销售超过 500 万册"字样，那么这句话是这本书"字面意义”的一部分。写作一本书所用的语言预示了该书假定的读者。中世纪俄国的圣像画指导手册中有如下说明："这幅画的右部被认为是'左部';相反地,这幅画的左部被认为是'右部'。换句话说,不是从我们(图画的观看者)的角度来考量,而是从面对我们的某人(想象中的内在观察者)的角度来考量"(Uspensky,1975,p. 34)。这里圣像画的内容表明了画家对观看者与它的关系的理解。

迈克尔·弗里德(Michael Fried)根据包括"物性"在内的不同理由,把一些现代雕塑描述为"公开性"的或"戏剧性"的。戏剧性雕塑强调"整体性、

81 单一性和不可分割性……一个雕塑尽可能是'一件东西',一个单一的'特定对象'"(Fried,1967,pp. 12,20)。一个很好的例子是托尼·史密斯(Tony Smith)的雕塑《死亡》(*Die*),这是一个六英尺(约1.8米)见方的立方体。安东尼·卡罗(Anthony Caro)的雕塑的意义,在于"其组成材料——工字梁、大梁、圆柱、一根根管道、金属薄板和格栅——彼此依其本色的并列,而不在于它们所组成的复合对象"。如果从共同知识的角度来理解"公开性"和"戏剧性",或许单一对象是戏剧性的,因为每个观察者都知道其他人会以类似的方式看待它;观察者在观看一个具有许多互动元素的雕塑时,则会认为其他人更有可能以不同的方式看待

和理解它。

通过高概念电影营销的例子，我们可以说明单一对象更有利于产生共同知识。贾斯廷·怀亚特（Justin Wyatt，1994，p. 112）对同在 1975 年上映的两部电影——史蒂文·斯皮尔伯格（Steven Spielberg）的《大白鲨》（*Jaws*）和罗伯特·奥尔特曼（Robert Altman）的《纳什维尔》（*Nashville*）——的电影广告进行了比较：《大白鲨》的广告突出刻画了一条巨大的鲨鱼即将要吃掉一个女人，而《纳什维尔》的广告则对"以拼接风格印在牛仔夹克背面的 24 个角色"进行了逐一展示。怀亚特指出，一个"干净醒目的形象"很重要，因为平面广告主要出现在报纸上，其印刷质量相对较差。但强大的单一形象也能更好地创建必要的共同知识。怀亚特认为，《大白鲨》基于引人注目的单一形象的营销策略为所有高概念电影树立了典范；而《纳什维尔》的广告文案是"爱好者和哄笑者、失败者和胜利者的故事"，该片尽管影评上佳，但在票房上却相对失败。自此之后，使用单一营销形象一直是大势所趋：甚至连《终结者 2》（*Terminator 2*）和《独立日》电影的标题也分别被缩写为 T2 和 ID4（Cowen，2000，p. 17；Wyatt，1994，p. 25）。

当然，任何单一传播的意义都只有在社会现有理解的背景下才能被完全理解。1964 年，托尼·施瓦茨

（Tony Schwartz）创造了《雏菊》（*Daisy*）电视广告，这是迄今为止最有效的政治电视广告之一。广告的开头是一个女孩在数雏菊的花瓣，数数的声音随后转变为核武器发射的倒计时，随着爆炸的巨响，一行白色文字最后定格于黑色背景上："11 月 3 日，投票支持约翰逊总统"。根据施瓦茨（Schwartz，1973，p. 93）的说法，这则商业广告"引发巨大争议。很多人，尤其是共和党人，大声吵闹，称这一广告是在谴责戈德华特（Goldwater）参议员（约翰逊的共和党竞争对手）好战。*但广告对戈德华特只字未提，甚至也没有间接涉及戈德华特。……*不过，戈德华特参议员此前曾表示，他支持使用战术性核武器。广告唤起了许多人内心深处的感觉，使他们认为戈德华特可能真的会使用核武器。这种不信任并不存在于《雏菊》电视广告中，而是存在于观看广告的人的心中。影像和声音的刺激触发了这种感觉，使人们能够表达他们内心所相信的东西"。每个观看者在意识到其自身对戈德华特的担心为广告所激发的同时，也将意识到其他人肯定会有类似的反应；于是，广告将这种共有的担忧公之于众，使之成为共同知识。这不仅仅是因为商业广告的收视率（它出现在《周一电影之夜》节目中），或是因为商业广告的"内容"本身，而是如施瓦茨所设计的，是因为它与人们现有理解的互动方式。

上述考虑只是浅尝辄止。我对你如何理解给定传播的理解，取决于我们共享的象征系统和世界观。对伊丽莎白·都铎的皇室巡游，哈亚姆·武鲁克的观众不会做出相同的理解，反之亦然。戴维·莱廷（David Laitin，1986）说明了，1976 年在尼日利亚建立一个基于伊斯兰教法的上诉法院的问题如何使该国面临一些争论。位于尼日利亚西部的约鲁巴族的几个州是这场争论中的摇摆地区。最终，约鲁巴族代表采取了温和的立场，奠定了全国和解的基础。莱廷从支配权的角度做了解释：政 83
治动员和冲突的基础，是祖宗传下来的城市而不是宗教，这对约鲁巴人而言是常识。这里的要点是，共同知识关键性地取决于每个人如何理解或诠释他人对所传播信息的理解或诠释。

◎ 对共同知识提出异议

到目前为止，我们主要讨论了无争议的协调。但对于如何进行协调，人们当然有不同的看法。拉塞尔·哈丁（Russell Hardin，1995，p. 30）观察到国家权威"依赖于政府层面的协调以及任何潜在的公众反对层面的缺乏协调。国家不需要在枪口下强迫每个人，它只需要营造一种氛围：对于几乎所有人而言，遵守法律符合其个人的明确利益，尽管从集体的角度而言，违抗法律可能才符合他们的利益"。人们由于协调问题而产生冲突，而共同知识对协调有所帮助，因此，人们为产生共同知识的机制而斗争。

为了在波兰建立团结工会，"在塞吉尔斯基［铁路工厂］组织的对话是在工头视线之外的地方进行的——在上下班所乘坐的火车和大巴上、在工厂的偏远区域、在午餐休息时间。……这个空间并不是免费赠品；它必须由为此而奋斗的人们来创造"（Lawrence Goodwin，在 Scott，1990，p. 123 中引用）。或者正如伊利诺伊州的微广播播音员拿破仑·威廉斯（Napoleon Williams）所说，"在这个国家，你可以购买一支完全组装好的乌兹冲锋枪，但购买一台完全组装好的［调频发射机］却是非法的"（Burke，1997）。谢林（Shelling，［1960］1980，p. 144）写道："方形舞①的参与者可能对被呼叫的特定舞步完全不满意，但只要指挥者有麦克风，没有人可以跳任何其他舞步。"公平和平等的传播能力对公平的结果而言是必需的，这是一个非常基础的概念，足以据之建立一个社会理论（Haber-

_____

① 方形舞（square dance），也称"方块舞"，是一种传统舞蹈，在舞蹈开始时，四对男女舞伴面对面组成一个正方形，由一名指挥者呼叫口令，指挥舞者变换舞步。——译者注

mas，1989）。

　　人们为形成共同知识而斗争，这是很明显的，但它有助于理解文化斗争的重要性。有时文化实践看起来主要属于上层建筑："例如，就美国的奴隶制而言，谈论奴隶主阶级'权威的外部标志'以及黑人与白人之间的象征性沟通是有启发意义的。但它有时会把一种严峻的条件转化为形式和戏剧"（Walters，1980，p. 554）。而"戏剧"被更广泛地理解为对共同知识的产生具有真正的力量。

　　在美国奴隶制的例子中，禁止教授奴隶如何阅读和写作不仅是白人行动规则的"外部标志"之一，而且是一种抑制传播从而压制叛乱的尝试；有趣的是，书面语言的真实力量在于公开传播（竖立标牌）和长距离传播（给其他种植园奴隶的短笺）；在面对面的传播中，说话更容易些。但即使是面对面，"如果没有白人监督员在场，五个以上奴隶的聚会是普遍禁止的"（Raboteau，1978，p. 53，引自 Scott，1990）。奴隶也进行了相应的反击，例如，偷偷地在"秘密凉亭"中交谈以及在公开演唱的圣歌里加入隐藏的意义［"迦南"（Canaan）暗指北方和自由（Scott，1990，p. 116）］；这场战斗不仅仅是"象征性"的，而是为争取传播基础设施而进行的斗争，这将有助于真正的协调行动，例如逃跑计划。

在其自传体小说《黑孩子》（*Black Boy*）中，理查德·赖特（Richard Wright,［1945］1993, pp. 235 –237）叙述了他和另一个雇员哈里森（Harrison）被白人工头奥林（Olin）摆布的经历。"我和哈里森只是泛泛之交，但我们从没闹过任何不愉快……'你认识哈里森吗？'……奥林先生低声悄悄地说。'刚才我下楼去拿可口可乐，看见哈里森拿着一把刀在门口等你。……他说要找你算账。说你辱骂他。喏，我们不想看到任何人在上班时打架或者流血。'……'我得去见那个家伙，跟他谈谈。'我大声说。'不，你最好不要，'奥林先生说，'你最好让我们中的一些白人男孩和他谈谈。'"后来赖特发现哈里森独自一人在地下室。"'哈里森，这是怎么回事？你说！'我问道，小心翼翼地站在离他很远的地方。……'我没有生气。''哎呀，我以为你是来砍我的，'哈里森解释道，'奥林先生今天早晨来找过我，说你一看见我就要拿刀来杀我。他说你生我的气，因为我侮辱了你。但我没有说你什么呀。'……他结结巴巴地说着，并从口袋里掏出了一把已经打开的闪闪发光的长刀。……'你要砍我？'我问。'如果你要砍我，我就先砍你。'他说。"这里赖特和哈里森面临着一个协调问题：每个人都仅在对方想要和平共处的情况下才想和平共处。两个人都没有生气，但哈里森带着一把刀，因为他不知道赖特是否生气。事实上，即使他知道赖特没有生气，如果他不确定赖特是否知道他没有生气，哈里森也可能带一把刀。为了解决这个协调问题，共同知识是必需的，而这正是被奥林先生的限制性传播所阻碍的，以至只有白人男孩在说话。赖特的暗示不仅是关于白人的欺骗，也是关于黑人对不失真的"公共领域"的基本需求。

人们常说像甘地和马丁·路德·金这样的人在协调公众示威时有专门的戏剧表演意识。20世纪90年代在美国，艾滋病解放力量联盟（Aids Coalition to Unleash Power，ACT UP）遵循了这一传统，将婚礼和葬礼仪式转变为政治声明（例如把死于艾滋病的亲人的骨灰撒在白宫草坪上），并扰乱了许多的公共空间，包括（仅在纽约市）中央火车站、纽约证券交易所、圣帕特里克大教堂、谢伊运动场①，以及无数新闻发布会和政治筹款活动。关于艾滋病解放力量联盟，值得注意的是，其传媒志愿者委员会由电视制片人、记者、公关专家和广告公司艺术总监等组成（Signorile，1993）。如果可以说甘地依靠戏剧表演意识，那么就可以说艾滋病解放力量联盟依靠专业广告技术。

86

---

① 谢伊运动场（Shea Stadium），为纪念传奇棒球运动员谢伊而建的位于纽约皇后区的一个多用途运动场，1964—2008年为纽约大都会棒球队主场和1964—1983年为纽约喷气机橄榄球队主场。2009年被拆除，用作邻近城市运动场的停车场。——译者注

1984 年，在市场完全被 IBM 个人电脑占领的情况下，苹果公司推出了新的电脑，苹果公司的电视广告自然是借势于乔治·奥威尔（George Orwell）的小说《1984》①。一个服装上印有彩色苹果电脑商标标志的女链球运动员进入一个大厅，其中一排排身穿灰色衣服、神情木讷的男子紧盯着巨大电视屏幕上的老大哥；老大哥正宣称"我们将胜出"，女运动员手中的铁锤飞出，击碎了屏幕；在爆炸的气流中，那些男子一个个目瞪口呆。随后出现文字和画外音："1 月 24 日，苹果公司将推出新电脑。你会发现 1984 为什么不会像《1984》"（Rutherford，1994，pp. 140-141）。在这里，苹果公司的铁锤破坏了公开性机制。换句话说，老大哥并不是在电视屏幕上被电脑击败并取代，而是电脑摧毁了使老大哥成为可能的传播技术。然而，摧毁本身就是一个公共事件（木讷男子们的反应明确地向我们展示了这一点）；这是一场爆炸，而不是停电（在此情况下，你一

① 《1984》（Nineteen Eighty-Four）是英国左翼作家乔治·奥威尔于 1949 年出版的长篇政治小说。奥威尔在这部作品中刻画了一个令人感到窒息的恐怖世界：在假想的未来社会中，独裁者以追逐权力为最终目标，人性被强权彻底扼杀，自由被彻底剥夺，思想受到严酷钳制，人民的生活陷入了极度贫困，下层人民的人生变成了单调乏味的循环。这部小说与英国作家赫胥黎著作的《美丽新世界》以及俄国作家扎米亚京著作的《我们》并称反乌托邦的三部代表作。这部小说已经被翻译成多种语言，全球销量超过 3 000 万册，是 20 世纪影响力最大的英语小说之一。2015 年 11 月，该作品在英国"学术图书周"上被公众投票评为最具影响力的 20 本学术书之一。——译者注

开始并不知道你的邻居是否也受到影响）。这其中的模棱两可是显而易见的：苹果公司一方面迎合的是那些不墨守成规的人，但同时又在超级碗上播出商业广告，这是被贸易杂志《广告时代》（*Advertising Age*）赞赏的具有讽刺意味的事情："苹果公司用足以使老大哥感到骄傲的那种烟雾与镜子①使苹果电脑诞生"（Johnson，1994）。

因此，更有效的做法可能是利用而不是攻击超级碗的公开性。1993 年，在超级碗开赛的三天前，反对家庭暴力的行动者举行新闻发布会，提供了轶事证据②：与平常日子相比，在超级碗结束后会发生更多丈夫殴打妻子的事件；这个组织并不要求抵制超级碗，而是要求 NBC 免费提供超级碗的广告时间，用以讨论家庭暴力问题。NBC 在赛前节目中提供 30 秒时间播放了一则公益广告，其中展示了一个关在监狱牢房里的男人，但对橄榄球只字未提（Gorov，1993，Lypsite，1993）。随后，各大报纸争相发表文章讨论该广告，足可见该广告的影响力之大（尤其是 Ringle，1993；亦见 Cohen and Solomon，1993）。

这里的重点是，简单地通过在超级碗中播放公益广

---

① 烟雾与镜子（smoke and mirrors）指掩盖真相的虚假消息。——译者注

② 轶事证据（anecdotal evidence）指来自轶事的证据，由于样本较小，这种证据有可能不可靠。——译者注

告，行动者便把家庭暴力问题比以往任何时候都更公开地提到国家议程上。他们赋予该问题持久的"吸引力"，每年都会得到再宣传或至少再次被记起（例如 Isaacson，1996）。他们的战略与 1968 年 8 月对美利坚小姐选美大赛（Miss America Pageant）的抗议遥相呼应。在当时的抗议中，人们用一幅"妇女解放"的横幅打断了电视直播，把胸罩、假睫毛和《时尚》① 杂志扔进一个自由垃圾桶（Freedom Trash Can）的做法，在媒体发明的短语"焚烧胸罩"（指妇女解放运动激进分子的游行示威或抗议行动）中被不得体地永久保存了下来（Morgan，1970，p.521）。在 1994 年之后的超级星期天，艺术家罗伯特·马基（Robert Markey）在纽约中央火车站安装了一个"记分牌"，显示各球队的分数和开球以来受虐待的美国妇女的人数：每 15 秒就有一个女人遭受虐待（Cheng，1996）。这里无须探讨超级碗之后家庭暴力是否增加的问题；重点是，即便是"平常的"家暴发生率也已经令人震惊。这个例子把橄榄球与暴力做了关联，但同样重要的是它的公开性，纽约中央火车站的大记分牌揭露了未曾公开讨论过的家庭暴力问题，其开放性和公开程度不亚于超

---

① 《时尚》（*Cosmopolitan*）杂志是全球著名的主要针对女性读者的时尚类杂志。该杂志创办于 1886 年，1905 年被出版业大亨威廉·赫斯特收购。现时，该杂志在全球有超过 50 个版本。——译者注

级碗。

◎ 共同知识与历史

历史先例是另一种产生共同知识的手段：例如，
"如果我们通电话时突然断线，当我等待时你碰巧打了
回来，那么如果我们的电话再次断线，我将再次等待"　*88*
（Lewis，1969，p. 36）。这方面的一个很好的例证，是
1977 年 5 月 28 日贝弗利山庄晚餐俱乐部①火灾中员工
帮助顾客撤离的方式："员工确认了他们所负责的房间
或团体安全撤出，似乎也对他们正在服务的顾客承担责
任，但不一定对大楼其他部分的顾客承担责任"。这一
火灾是美国历史上最严重的火灾之一，有 164 人丧生。
理查德·L. 贝斯特（Richard L. Best，1977，p. 73）在
其分析中强调，不存在事先讨论过的"分配给员工具
体责任"的疏散计划。服务员只帮助他们"自己的"
顾客并不一定代表他们冷漠无情；当缺乏明确沟通过的
计划时，服务员唯一可以采取的协调方式，是遵循已经
确立的先例（亦见 Canter，1980）。

――――――――

　　① 贝弗利山庄晚餐俱乐部（Beverly Hills Supper Club），肯塔基州
离辛辛那提不远的一个旅游胜地。在火灾发生的那个晚上，该设施因歌
星演唱会而大大超员。――译者注

高概念电影不仅需要密集的广告，还需要"畅销的原型故事"：《大白鲨》改编自一部畅销小说，《至尊神探》（*Dick Tracy*）、《超人》（*Superman*）和《亚当斯一家》（*The Addams Family*）等电影改编自年代久远的连环画或电视剧。有一个解释是，因为高概念电影有很高的制作和营销成本，工作室会设法采用那些具有赢利经验的主意（Wyatt，1994，p. 78）。但无论《至尊神探》、《超人》和《亚当斯一家》曾经有过什么样的惊人赢利（如果有的话），距离其改编为电影剧本也有几十年了。这些人物之所以是共同知识，不是因为这些剧本在近期大获成功，而是因为它们是历史事件，年复一年地反复出现在漫画和多家深夜电视节目中，呈现给为数不多的冷静读者或观众。就共同知识而言，历史就是公开性的：当我看到《独立日》的广告，我知道每个人都对它有所了解，因为我看到过大规模的广告活动；当我看到电影《亚当斯一家》的广告时，我知道每个人都对它有所了解，因为每个人都知道《亚当斯一家》这个电视剧。

托马斯·谢林（Thomas Schelling，[1960] 1980）指出，协调问题可以通过"焦点"来解决。一个经典的例子是，两个想在纽约某处见面的人，时间已预先安排好，但地点还没有安排。两个人只在乎彼此见面，而不在乎地点，于是，城市中有多少地点，就有多少种协调的可能性。面对这个假设的问题，人们通常会选择帝国大厦、纽约中央火车站等。换句话说，即便没有进行过任何显性的沟通，关于"明显"之处的共有观念也可以帮助他们进行协调。举一个例子，1989 年发生的最终导致民主德国政府垮台的莱比锡示威游行是如何进行协调的。1982 年起，莱比锡市中心的尼古莱教堂每星期一下午五点到六点举行和平祈祷。"到 1989 年中期，教堂与和平祈祷在人们的心目中已被牢固地确立为与当地的对抗亚文化相关的一个抗议"惯例"。众所周知，每星期一下午六点左右和平祈祷完礼后，许多人会从尼古莱教堂和附近其他教堂中涌出。……一小群人通常星期一下午在市中心会面，从那里加入做礼拜的人和其他陌生人，形成示威队伍"（Lohmann，1994，p. 67）。多年来，这些示威的参加者数量相对较少（不到 1 000 人），但其规律性和悠久的历史使得 1989 年 10 月参加示威的人数多达 325 000 人，他们在星期一下午自发地聚集在一起（Opp and Gern，1993；Lohmann，1994）。

正如我们所看到的，在为如何协调而进行的斗争中，公开性机制是战略性资源。因此我们可以认为，历史也是一样。试图摆脱现有协调的法国大革命时期的革命家可能会试图通过诉诸"伟大的现在"来淡化近代史，或通过诉诸更古老的古希腊理想来超越近代史（Hunt，1984，p. 27）。斯科特（Scott，1990，p. 101）

指出，叛乱的辞令经常诉诸现有的保守机构，例如教会
90 和国王："16 和 17 世纪在法国和意大利，叛乱暴徒先
高呼'圣母玛利亚万岁'再提出具体要求的做法十分
常见"。斯科特强调，这不应该被理解为"虚假意识"
的证据，而是一种战略手段："它使得国王能够在看似
提高其声望的情况下同意请愿书，而且它提供了一个受
欢迎的防御姿态，可能有助于减小计划失败时的损
失"。这里我们注意到一个额外的战略要素，即通过
"援引保守霸权的仪式符号"，革命者能更好地创造共
同知识：听到他们要求的人都知道，其他人至少可以理
解它的某个方面。

　　如果历史可以帮助创造共同知识，那么也许共同知
识也可以创造历史。社会所认为的历史，不只是其成员
过去经验的总和；对过去事件的记录、诠释和集体"再
回忆"也发生在社会制度中。保罗·康纳登（Paul Con-
nerton，1989，pp. 39–40）认为，"研究记忆的社会构
成，是研究那些使共同记忆成为可能的转移行为。……
关于过去的印象和记忆有关过去的知识在（或多或少带
有仪式性的）表演——特别是'纪念典礼'——中得到
传递和维持"。埃里克·霍布斯鲍姆（Eric Hobsbawn，
1983，pp. 304–305）发现，在 1870—1914 年，男性普
选权的出现使得各国纷纷呼吁广大"受众"承认其合
法性，在此期间涌现了一大批"编造的传统"；他将这

一发现与另一事实联系起来："这一时期发明了许多近乎全新的建筑物，如室内或室外体育场馆，用于举行盛大演出和实际存在的群众仪式"。肯尼迪遇刺通常被认为是战后美国历史的中心事件之一；也许部分原因在于："在一个更小、更简单的社会里可能存在气氛热烈的、共同的再供奉典礼，而对于一个现代大国来说，这是与之最为接近的对应事件了"（Sidney Verba，1965，p. 354）。根据悉尼·维巴（Sidney Verba，1965，p. 355）所说，"在仪式性方面，事件本身可能不是最重要的。……对这一事件的反应为人们所共享的事实似乎更为重要。对事件的反应在许多情况下被聚集在电视机周围的家庭共享，在教堂礼拜和其他社区仪式中被共享。另外，对事件的反应还通过媒体而得到广泛传播。不仅仅是每一位美国人的感情牵涉其中，同时他们也清楚地获知其他美国同胞的感情"。1969 年纽约石墙酒吧（Stonewall Bar）暴乱①被广泛地理解为同性恋权利运动中的关键事件，但是根据一名参与者的说法，使它载入史册的与其说是暴乱本身，不如说是一年后的纪念典礼：

---

① 1969 年 6 月 28 日，纽约警方突击了一家位于曼哈顿东村地区的由黑社会经营的石墙酒吧，这里聚集着一些当时受主流社会排斥的无家可归的同性恋人士。这次突袭并没有按照警方预想的那样发展，最终引发了一场大规模的同性恋抗议暴动，这场暴动所引发的连锁反应和美国二十世纪六七十年代的黑人民权运动、反战示威等一起改变了美国乃至世界的社会面貌。——译者注

"如果人们没有决定用游行来纪念石墙，没有人会记得石墙"［《石墙之后》（*After Stonewall*），1999］。

◎ 共同知识与群体认同

人们经常在具有相当任意性的群体中进行协调：我可能会参军，帮助保护你在迈阿密的家人，因为你同意帮助保护我在芝加哥的家人，但是为什么我不与多伦多或哈瓦那的人达成协议呢？仅凭社会联系一项不可能构成其原因；正如安德森（Anderson，1991，p. 6）所指出的，"即便是很小的国家，其成员也永远不会认识、遇见乃至听说他们的大多数同胞"。然而国家毫无疑问是重要的集体行动者。

安德森（Anderson，1991，pp. 6，44）把国家定义为"想象中的政治共同体"，这里"想象"的意义基本上是共同知识："法语、英语或西班牙语都有大量语言变体，讲这些语言的人可能发现他们很难甚至不可能通过交谈来彼此理解，但他们能够通过印刷品和报纸相互理解。在这个过程中，他们逐渐意识到在他们的特定语言领域有着几十万甚至几百万人。……这些共同读者……形成了……全国范围内想象共同体的胚胎"。安德森（Anderson，1991，pp. 5 - 36）将读教会的晨报称为"在沉默的隐秘中进行的集体典礼……每个教友都 92 很清楚，他正在进行的仪式同时被其他几十万（或几百万）人重复……［正如他所观察到的，］与他自己的报纸完全相同的复制品，被他在理发店或者小区里的邻人所共享"。在这里，其他读者正在阅读的确切内容并不重要，重要的是每个读者都知道其他读者在读同样的东西。当然，这种推理不仅适用于国家，在其他一些情况下也适用。也许这里并不仅在于共性是显而易见的，还在于彼此之间都是显而易见的：当我们一起祈祷时，我发现你知道与我所知道的一样的祷告词，我知道你知道我是知道的，等等。

克拉克和马歇尔（Clark and Marshall，1992，p. 36）指出，同属于一个社区是一种形成共同知识的方式："基本的理念是，有些事情社区的每一个人都知道，并假定社区的其他人也都知道"。但我们也可以说，共同知识可以在一定程度上产生社区。约瑟夫·图罗（Joseph Turow，1997，p. 2）认为，自 20 世纪 70 年代以来，由于更多"可准确命中目标"的媒体（如有线电视、互联网和专业杂志）的创新以及为成功定位所需的数据收集和统计方法的发展，广告的整体趋势从大众营销走向利基市场①营销。其后果是社会的分化，"封闭式社区被电子社区取代"。

通过传播而形成群体认同，这一观点并不新鲜。南希·弗雷泽（Nancy Fraser，1990，p. 100）推荐采用实用主义理论：这些理论"强调传播的社会环境和社会实践，并研究多个历史性变化的话语地点和话语实践……［因此］让我们能够把社会认同看作复杂的、不断变化的以及具有话语构造的概念"。对这样的理论而言，共同知识可能是一个有用的概念。

1994 年，非洲人国民大会（African National Congress，ANC）在南非掌权后，奉行了经过深思熟虑的种族和解政策。例如，非洲人国民大会的省长们特别注重讲阿非利卡语（Afrikaans）（Waldmeir，1997，p. 269）。在该过程中最重要的一项象征性行动发生在 1995 年 5 月，纳尔逊·曼德拉（Nelson Mandela）穿着球队制服，出现在约翰内斯堡橄榄球世界杯决赛的球场上。七万名目瞪口呆的球迷，主要是白人，开始高呼"纳尔逊！纳尔逊！"当南非国家队获胜后，举国沸腾，欢庆这场胜利。长期以来，橄榄球一直被认为是种族隔离的可憎象征，却在这个集体瞬间，通过一个共同知识

---

① 利基市场（niche market），专注于满足消费者特殊需要的特殊产品的市场。例如，体育频道专注于满足体育爱好者的需要。——译者注

事件，被转变为能够让所有南非人引以为傲的东西。按照大主教德斯蒙德·图图（Desmond Tutu）的说法，"在我们的国家生活中，这是一个决定性时刻。……令人难以置信的是，当我们获胜时，人们会在索韦托①跳舞。我认为，这是我们国家的一个转折点。它表明我们实际上是有可能成为一个国家的"［《纳尔逊·曼德拉的漫漫长路》（*The Long Walk of Nelson Mandela*），1999］。

---

① 索韦托（Soweto）是 Southwestern Townships 的缩写，南非的一个黑人居住区。——译者注

4 结 论

Conclusion

西方传统中理性与非理性之间的区别，至少要追溯 *94*
到亚里士多德（Aristotle，1976，p. 90）。他写道，"灵
魂的非理性部分"被理性部分说服和劝诫，"就像一个
小孩子听他父亲的话"。要说明如上所述的区别是具有
误导性的或者至少是过分简单化的，实在轻而易举。例
如，在人类的情绪与决策之间似乎存在一种神经联系；
以下现象即可说明这一点：前额脑损伤将导致人的情绪
反应迟钝，且不善于做日常决定——即使他们的"纯
推理"能力（通过标准智力测试来测定）并未降低
（Damasio，1994）。

与个人和社会生活的复杂性和丰富性相比，上述区
别明显是粗浅的。但通常的观点是，如果一个人并不打
算记录细微的环节，那么为了在任何一般方面理解社
会，他就必须使用简单粗浅的概念。例如，本书采用了
一个非常简单的关于个人思想和行动的概念，并广泛应
用这个概念。这样，理论和解释可以比现实本身更清楚

地划定界线。又如，虽然几乎没有人会说人类的"理性部分"与"非理性部分"之间存在明确的区别，但是看起来很明显，基于理性的解释与基于非理性的或不理性的解释之间是有区别的；维弗雷多·帕累托（Vilfredo Pareto）把这种区别常态化，称之为经济学与社会学之间的分界线（Swedberg，1990，p. 11）。

95　　在最近的学术文献中很容易找到这种类型的区别，它涉及如理性-文化、思维-感觉、计算-情绪等一系列区别。例如，琼·科恩（Jean Cohen，1985，p. 687）写了一篇关于集体行动的文章，以二分法命名为"战略和认同"，其中区分了"资源调动范例"和"认同导向范例"："一个人不可能……在资源调动范例中直接添加团结、集体认同、知觉或意识形态等考虑因素而不导致其框架破裂。显然，以理性行动概念运作的资源调动范例……太狭隘，因而无法解决这些问题"。詹姆斯·凯里（James Carey，1988，pp. 15，18－20）认为，在美国学术界，"由'传授'、'发送'、'传递'或'向他人提供信息'等术语所定义的传播的传递观（transmission view of communication）"已经力压"与'分享'、'参与'、'合作关系'、'同伴关系'和'拥有共同的信仰'等术语相关联的……传播的仪式观（ritual view of communication）"，这是因为，"我们过分的个人主义使精神生活成为最重要的现实……［而］

我们的清教主义使得我们蔑视人类的一切不实用活动的意义"。

本书试图说明,不能不加思考地坚持这种区别。本书从协调问题环境中理性的一个狭隘朴素的概念着手,说明了所需的共同知识与主体间性、集体意识以及群体认同等因素有实质性的联系。本书从面临实际协调问题的孤立个体着手,说明了人们需要做的,恰恰是要超越传播的"传递"观(一阶知识),而把传播的"仪式"观(共同知识)纳入考虑范围。

这里的论点以理性本身的逻辑为基础。也就是,即使是严格讲究理性的经济人(Homo economicus),在解决协调问题时也必须形成共同知识,我们在这里把它理解为仪式的一个方面。 96

涉及理性选择理论,尤其是博弈论,对于看待文化实践可能有所帮助这一想法,也许貌似新奇,但实际上在几十年前,欧文·戈夫曼(Ervin Goffman,1969)和克劳德·列维-斯特劳斯(Claude Lévi-Strauss,1963,p. 298)就提出了这一主张。前者的相关作品包括《战略互动》(*Strategic Interaction*);后者明确指出,博弈论使得"社会人类学、经济学和语言学日益整合为一个大领域,即传播领域"。谢林(Shelling,[1960]1980)的研究结果预言了博弈论将显性地应用于象征性行动和文化,这种应用最近在几个不同的方向探索(O'Neil,

2000；Schuessler，2000；Bates and Weingast，1995；Li-
chbach and Zuckerman，1997；Bermeo，1997）。我认
为，这一发展不应被视为一种偏离或一种次要的应用，
更确切地说，它是博弈论自身内在进程的一个必要步
骤。我们的论点并不是说文化实践是附加的次要议题，
适合用理性选择理论来进行研究。我们的论点是，理性
选择理论的进程本身需要这一发展。

博弈论经常被拿来使用，原因很简单：它可以在其
他类型的推理行不通时做出某种预测。例如，经济学中
的典型范例是寡头垄断。当存在垄断（单一公司）时，
可以通过利润最大化的假设做出预测；当存在竞争性市
场（有许多公司，但每个都太小而无法影响均衡价格）
97 时，可以通过供求相等的假设做出预测。在寡头垄断之
下，几家公司相互依存，共同影响价格，这就需要借助
博弈论来找到一个均衡状态，做出预测。

然而，博弈论有时根本不擅长做预测。许多博弈论
模型有多个均衡状态。例如，拿人们在马路上靠右行驶
还是靠左行驶的问题来说，每个人都靠右行驶是一种均
衡状态，如果其他每个人都靠右行驶，就没有人愿意
"偏离常态"而靠左行驶；但每个人都靠左行驶也是一
种均衡状态。这里存在多个均衡状态；我们也许能够预
测每个人都会靠同一边行驶，但我们无法预测是靠左还

是靠右。这是一个非常简单的例子，但是，一般说来，当存在多个均衡状态的时候，不确定性就会成为一个严重问题。

对于这一基本问题，有几种应对方法。一种是设法从博弈本身获取尽可能多的预测能力，假设目标是在任何博弈中做出唯一的预测，并发展出使之成为可能的公理［Harsany and Selten（1988）曾举例说明］。另一种是明确考虑博弈以外的因素——人们为达到均衡而进行协调的社会过程。一般说来，这方面至少有三种模式。

在博弈论的较新研究中，博弈中的个人被模拟为在进化过程中学习、适应或被选择（例如，Samuelson 1998；Young，1998）。其中的想法是：在适应的动态过程中，某些均衡状态也许比其他均衡状态更易得到。这种模式通常假定人们遵循简单的学习规则或适应过程，也往往被用来驳斥常见的异议：博弈论的前提是超级理性。第二种模式是利用焦点，正如前文所讨论的，它通常被阐释为社会文化的一个方面。例如，纽约人更有可能选择纽约中央火车站作为见面场所，而非纽约人 *98* 更倾向于选择帝国大厦；纽约中央火车站的"焦点"特性可以被理解为纽约本土文化的一部分。

这两种模式都很重要，但它们都假设协调过程不具有目的性。适应性或进化性方法让人想起"看不见的手"的解释，在这种情况下，人们并未有目的地进行协调；协调"只是碰巧发生了"，没有任何人计划这件事，甚至没有任何人想到这件事。焦点通常被理解为某种外源性的东西（例如，Kreps，1990），尽管谢林（Shelling，[1960] 1980，p. 144；又见 Calvert，1992）发表评论称，"当没有明显的焦点供大家同意时，[一个人] 可以凭借自己的力量提出一个出人意料的建议来创造一个焦点"。我们在本书中采用的是第三种模式：把协调看作一个通过显性沟通而实现的积极的、有目的的过程（Johnson，1993）。协调往往通过适应和进化以及隐性沟通而实现，但人们也经常进行显性沟通。如果我们观察到两个人在餐馆里享受彼此的陪伴，有可能其中一个"发生突变"，碰巧走了进来，而另一个人适应性地跟着她进来，也有可能他们按照某个隐性的协议在这里会面，但最保险的假设是，他们就是在这里约会。当然，在多于两个人的情况下，沟通过程要复杂得多，而这正是写作本书的目的。

如果我们看一下人们如何进行显性沟通以解决协调问题，那么，在标准的博弈论推理以及有关意义和强烈常识性直觉的语言学理论中，会立即出现关于共同知识的问题。当人们观察共同知识如何在社会中形成时，必定会被看起来像仪式的传播事件（典礼、新闻事件等）

所吸引。本书通过将共同知识与文化实践相联系，提出了理性和文化这两种常常被认为是分离乃至对立的视角具有密不可分、相辅相成的关系。文化研究长期以来考虑的是经济环境；通过探究"物质"理性的逻辑结果，博弈论找到了文化。个体理性的观念，在与原子化①的市场社会进行历史性关联之后，可以帮助理解那些看似创造了社会团结的文化实践。

99

---

① 原子化（atomistic），"分散"之意。——译者注

附录：论点的图形表示

The Argument Expressed Diagrammatically

◎ 协调问题的模型设计

在我们所举的两个同事乘公交车的例子中，每个人都仅仅在另一个人也下车时才想下车喝一杯。通过分配给每个结果一个对应于其收益或效益的数字，可以表示一个人的动机。例如，对我来说最糟的情况是，我下了车，而你却留在车上，因为没有你和我一起喝一杯，我感觉不舒服；这带给我的收益是 0。最好的情况是，我们两个都下车，我们很高兴地一起去喝一杯；这带给我的收益是 6。如果我留在公交车上，无论你是否下车，我得到的"现状"收益都是 4。

	你下车	你留下
我下车	6	0
我留下	4	4

我的收益

假设你和我情况类似，我们可以写下你的收益：对你来说最糟糕的情况是，你下了车，而我留在车上，等等。

	你下车	你留下
我下车	6	4
我留下	0	4
	你的收益	

102　为方便起见，我们可以把两张表的内容合并在一张表中。对于每一个结果，都有一对数字：我的收益和你的收益。

	你下车	你留下
我下车	6, 6	0, 4
我留下	4, 0	4, 4
	我的收益，你的收益	

通过观察这张表可以看到，我只有当你下车时才想下车，而你只有当我下车时才想下车。博弈论的影响力和简单之处在于，种类繁多的协调问题都可以用像这样的一张数值表来表示。

◎ 元知识的模型设计

共同知识和元知识一般都用罗伯特·奥曼（Robert

Aumann，1976）给出的数学形式表示（一个等价表示是"交互信任系统"，见 O'Neil，2000）。列出每种可能的系统状态：在公交车上，当我们的共同熟人呼喊时，假设我要么醒着，要么睡着了；你要么醒着，要么睡着了。因此存在四种可能的系统状态："我醒着，你醒着""我醒着，你睡着了""我睡着了，你醒着""我睡着了，你睡着了"。

　　每个人都有不同的能力来区分什么是真实的系统状态。例如，取我们面对面的情况：我看着你，你看着我（见图16）。

图16　面对面

　　当我睡着的时候，我不知道你是否睡着了，但是当我醒着的时候，我能够知道。我们可以通过画以下圆角矩形来表示，这些圆角矩形对系统状态的集合进行了区分（见图17）。

图17　我的系统状态

这里的想法是，当两个系统状态在同一个圆角矩形里时，我无法分辨这两种状态；当两个系统状态在不同的圆角矩形里时，我能够分辨这两种状态。由于"我睡着了，你醒着"和"我睡着了，你睡着了"在同一个圆角矩形里，这意味着我无法分辨这两种状态。类似地，当你醒着时，你可以知道我是否醒着；你的系统状态如图 18 所示。

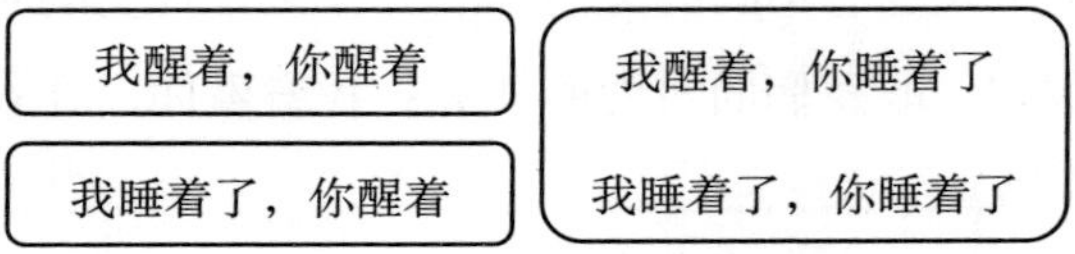

图 18　你的系统状态

人们知道些什么呢？人们知道各个事件，这里一个事件只是一组状态。例如，图 19 展示了三个不同的事件："你醒着""我们都醒着""我们之中（至少）一个醒着"，分别用方框表示。取"你醒着"的事件为例。如果把这一事件连同我的系统状态圆角矩形图画在一起，我们将得到图 20。这里的粗线框表示"你醒着"的事件。请注意，包围着"我醒着，你醒着"的圆角矩形位于粗线框内部。当我醒着而你也醒着时，我知道你是醒着的。然而，注意包围着"我睡着了，你醒着"以及"我睡着了，你睡着了"的圆角矩形超出了粗线框。当我睡着了而你醒着时，我无法将这一状态与

"我睡着了，你睡着了"的状态区分开来；由于圆角矩形超出了粗线框，我无法确认你是否醒着。

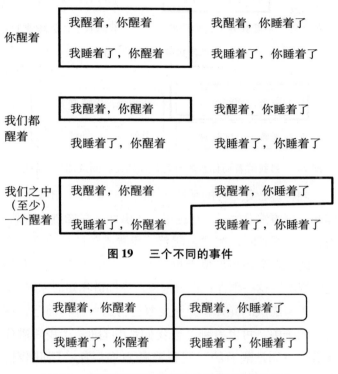

图19　三个不同的事件

**图20　当我醒着而你也醒着时，我知道你醒着；
当我睡着了，我不知道你是睡着了还是醒着**

　　所以，正如这些圆角矩形所表示的，只有当我们都 *104*
醒着时，我知道你是醒着的。但我们可以把"我知道你
醒着"作为另一个事件，如图21所示。这与"我们两个
都醒着"是完全相同的事件。现在我们可以把这个事件

与你的系统状态圆角矩形图画在一起，如图 22 所示。

我知道 你醒着	我醒着，你醒着	我醒着，你睡着了
	我睡着了，你醒着	我睡着了，你睡着了

图 21　"我知道你醒着"事件

我醒着，你醒着	我醒着，你睡着了
我睡着了，你醒着	我睡着了，你睡着了

图 22　当我醒着而你也醒着时，你知道我知道你是醒着的

同样地，如果你的系统状态圆角矩形位于粗线框内，你知道该事件发生了。在这里，该事件是我知道你醒着。105 当我们都醒着时，在"你醒着，我醒着"的状态下，你的系统状态圆角矩形位于粗线框内；所以你知道"我知道你醒着"这一事件；也就是说，你知道我知道你醒着。

更深层次的元知识只是反复进行这一过程而已，在这个例子中，可以看到，当我们都醒着时，"我知道你知道……你是醒着的"可以有任意多层次。因此我们可以说，当我们都醒着的时候，你醒着是共同知识。

有些事情可以被所有人知道，但却不是共同知识；要想弄清这是怎么回事，请考虑图 23 中的情况：你背对着我，我看得见你，但你看不见我。我的系统状态圆角矩形与之前一样：当我醒着时，我能够知道你是否睡着了（我可以看到你在打盹）。但你的系统状态圆角矩形是不同的：现在即使你醒着，你也不知道我是否醒着，因为你看不见我。因此，你的系统状态新圆角矩形（用虚线表示，以示区别）如图 24 所示。

图 23   你背对着我

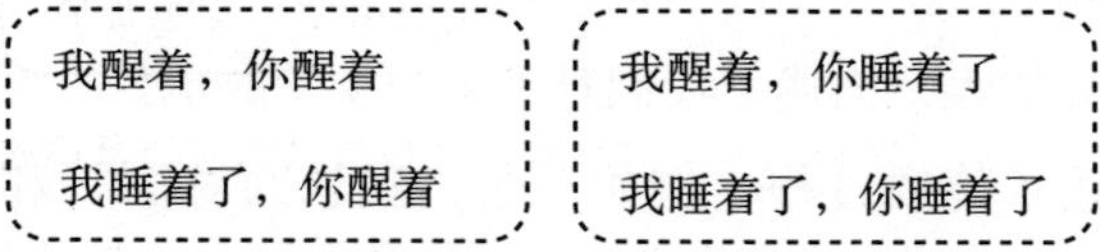

图 24   你背对着我时，你的系统状态圆角矩形

我的系统状态圆角矩形没有变化，因此"我知道 *106* 你醒着"的事件再一次等同于"我们都醒着"的事件。然而，把这个事件放到你的新的系统状态圆角矩形中，我们将得到图 25。

图 25   你不知道我知道你是醒着的

现在，在状态"我醒着，你醒着"中，你的系统状态圆角矩形超出了粗线框：你不知道我知道你是醒着的。当我们都醒着时，我知道你是醒着的，而你知道你是醒着的。但你不知道我知道你是醒着的。当我们都醒着时，我们都知道你是醒着的，但这不是共同知识。

◎ 为什么共同知识有利于协调问题？

到目前为止，我们已经用数值表来表示协调问题，用圆角矩形来表示你的知识和我的知识。关于我们的收益的数值表，描述了我们对于下公交车的偏好。圆角矩形描述了传播过程：例如，在"我们面对面"和"你背对着我"这两种情况下，你的圆角矩形是不同的。为了充分描述传播过程，我们还要规定两件事情。首先，我们规定当一个人没有收到消息时会发生什么：在这里，睡着的人听不到呼喊声，因此我们假定睡着的人总是留在公交车上——保持"现状"行动。其次，我们规定每一种状态发生的可能性：在这里，我们假设每个人的醒着或者睡着了的可能性是相同的。因此，四种不同的系统状态有同样的可能性。

现在，我们已经完全确定了我们的收益和传播过程，可以弄明白你和我将会采取何种行动。考虑我们面对面的情况。我们所要做的就是填写图 26 中的方格，这张图将具体指明我们每个人在每种系统状态中所要采取的行动。请注意，我们假定睡着的人留在公交车上。

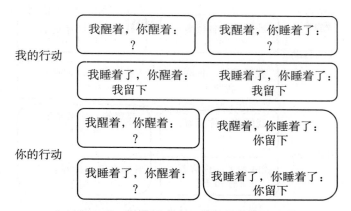

图26　我们在每种系统状态中的行动

　　假设我们处于"我醒着，你睡着了"的状态，我会选择做什么？我可以从图26中看到，你会留在公交车上。因此，看一下我的收益表：如果我下公交车，我得到的收益为0；如果我留在公交车上，我得到的收益为4。所以我选择留在公交车上。类似地，在"我睡着了，你醒着"的状态中，你会决定留在公交车上，因为你看到我睡着了（见图27）。

　　在"我醒着，你醒着"的状态中将会发生什么呢？ *108*
如果我们中的一个下车，另一个留下，情况会变得"不稳定"，因为我们中的一个人会想要改变自己的行动。因此，两种可能性是：或者我们都下车，或者我们都留下，如图28和图29所示。这两种情况都是"均衡"的，因为每个人在得知另一个人的行动后，都不

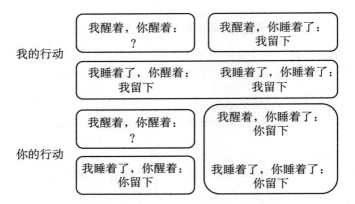

图27   如果你看见另一个人睡着了，你会留在车上

会再做出不同的选择。在"成功"的均衡中，若我们

109 都醒着，你下车了，因此我的利益所在也是下车（我的收益是6，而不是4）。类似地，若我们都醒着，假定我下车了，你也会想下车。在"不成功"均衡中，若我们两人都醒着，我留下是因为你留下（这样我的收益为4，而不是0），你留下是因为我留下。在成功的均衡中，由于那声呼喊，我们下车了。在不成功的均衡中，我们不会下车。

110   现在考虑你背对着我的情况（见图30）。如前面所讨论的，因为你背对着我，你的圆角矩形是不同的：现在即使你醒着，你也无法知道我是否醒着。我们又假定睡着的人留在公交车上。在"我醒着，你睡着了"的状态中，由于我看见你在睡觉，我还是会选择留在车上。

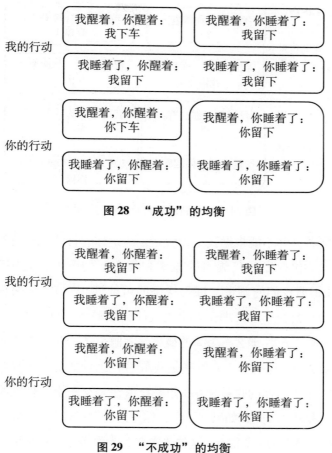

图 28　"成功"的均衡

图 29　"不成功"的均衡

在"我醒着，你醒着"和"我睡着了，你醒着"的状态，你会做什么？首先，因为你不能区别这两种状态（它们在同一个圆角矩形里），你必须在两种状态中选择与我相同的动作。换句话说，因为你不知道我是否

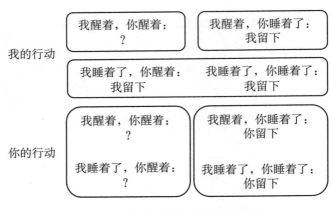

图30 当你背对着我时我们的行动

醒着，你不能根据我是否醒着来决定你的行动。你所知道的仅仅是，我醒着的概率和睡着了的概率都是 1/2（根据我们的假设，每种状态的可能性相同）。如果你留在公交车上，那么无论我做什么你都会有收益 4。如果你下车，那么有 1/2 的概率是我睡着了，此时你的收益为 0。还有 1/2 的概率是我醒着，这种情况下如果我下车了，你的收益是 6；如果我留在公交车上，你的收益是 0。因此，如果你下车，你充其量得到概率为 1/2 的 0 和概率为 1/2 的 6；这种"彩票"大致相当于收益是 3。由于这低于你留下来的收益是 4，你决定留在车上。换句话说，知道我下车的概率最多是 1/2，不足以让你也想下车。所以在"我醒着，你醒着"和"我睡着了，你醒着"的状态中，你都不会下车。因此在"我醒着，你醒

111

着"的状态中，我也不会下车。于是，我们得到图 31 。

	我醒着，你醒着： 我留下	我醒着，你睡着了： 我留下
我的行动	我睡着了，你醒着： 我留下	我睡着了，你睡着了： 我留下
你的行动	我醒着，你醒着： 你留下 我睡着了，你醒着： 你留下	我醒着，你睡着了： 你留下 我睡着了，你睡着了： 你留下

图 31　当你背对着我时唯一的均衡情况

因此，在任何一种系统状态，我们都不能进行协调，然后一起下车。这是你背对着我情况下唯一的均衡。在"我醒着，你醒着"的状态中，即使我们都醒着，都听到了呼喊，但你不会下车，因为你无法知道我是否醒着；因此，即使我知道你醒着而且听到了呼喊，我也不会下车。在"我醒着，你醒着"的状态中，我们都知道这声呼喊，但它还不是共同知识。

当我们面对面时，"我们都醒着"这一事实是共同知识，虽然不能完全保证协调成功（也存在"不成功"的均衡），但至少是有可能的。当你背对着我时，成功的协调毫无可能，即使我们两个人都收到了消息。

参考文献

References

After Stonewall. 1999. Film produced by John Scagliotti, Vic Basile, Janet Baus, and Dan Hunt. First Run Features, New York.

Amos, Denise. 1991. "Super Bowl Advertising Game Plan: Keep It Simple." *St. Petersburg Times*, January 25, p. 1E.

Anderson, Benedict. 1991. *Imagined Communities: Reflections on the Origin and Spread of Nationalism*. Rev. ed. London: Verso.

Aristotle. 1976. *The Ethics of Aristotle: The Nicomachean Ethics*. Translated by J. A. K. Thomson. Revised edition translated by Hugh Tredennick. London: Penguin.

Auerbach, Jon, and Beppi Crosariol. 1995. "Microsoft's Blockbuster: Backed by a $200 Million Blitz, Windows 95 Is Coming to a PC Screen near You." *Boston Globe*, August 20, p. 89.

Aumann, Robert J. 1974. "Subjectivity and Correlation in Randomized Strategies." *Journal of Mathematical Economics* 1: 67 – 96.

———. 1976. "Agreeing to Disagree." *Annals of Statistics* 4: 1236 – 1239.

Austin, John. 1975. *How to Do Things with Words*. 2d ed. Edited by J. O. Urmson and Marina Sbisa. Cambridge, Mass. : Harvard University Press.

Baron-Cohen, Simon. 1995. *Mindblindness: An Essay on Autism and Theory of the Mind*. Cambridge, Mass. : MIT Press.

Baron-Cohen, Simon, Helen Tager-Flusberg, and Donald J. Cohen.

2000. *Understanding Other Minds: Perspectives from Developmental Cognitive Neuroscience.* 2d ed. Oxford: Oxford University Press.

Bates, Robert H. , and Barry R. Weingast. 1995. "A New Comparative Politics: Integrating Rational Choice and Interpretivist Perspectives. " Paper presented at the American Political Science Association Meetings, Chicago, August 1995.

Becker, Gary S. 1991. "A Note on Restaurant Pricing and Other Examples of Social Influences on Price. " *Journal of Political Economy* 99: 1109 − 1116.

Becker, Gary S. , and Kevin M. Murphy. 1993. "A Simple Theory of Advertising as a Good or Bad. " *Quarterly Journal of Economics* 108: 941 − 964.

Bentham, Jeremy. [1791] 1843. *Panopticon; or, The Inspection House; Containing the Idea of a New Principle of Construction Applicable to Any Sort of Establishment, in which Persons of Any Description Are To Be Kept Under Inspection; and in Particular to Penitentiary-Houses, Prisons, Poor-Houses, Lazarettos, Houses of Industry, Manufactories, Hospitals, Work-Houses, Mad-Houses, and Schools: With a Plan of Management Adapted to the Principle: In a Series of Letters, Written in the Year 1787, from Crecheff in White Russia, to a Friend in England.* In *The Works of Jeremy Bentham*, published under the superintendence of his executor, John Bowring. Vol. 4. Edinburgh: William Tait.

Berk, Richard A. 1974. "A Gaming Approach to Crowd Behavior. " *American Sociological Review* 39: 355 − 373.

Bermeo, Nancy, ed. 1997. "Notes from the Annual Meetings: Culture and Rational Choice. " *Newsletter of the APSA Organized Section in Comparative Politics* 8, no. 2: 5 − 21.

Best, Richard L. 1977. *Reconstruction of a Tragedy: The Beverly Hills Supper Club Fire.* Boston: National Fire Protection Association.

Biskind, Peter. 1975. "The Politics of Power in ' On the Waterfront. ' " *Film Quarterly* 25, no. 1 (Fall): 25 − 38.

Bloch, Maurice. 1974. "Symbols, Song, Dance and Features of Articulation." *Archives Europeénes de Sociologie* 15: 55 – 81.

Boorstin, Daniel J. 1961. *The Image: A Guide to Pseudo-Events in America*. New York: Harper & Row.

Brothers, Leslie. 1997. *Friday's Footprint: How Society Shapes the Human Mind*. New York: Oxford University Press.

Burke, David. 1997. "Legal Woes Give an Unhappy Twist to the Dream of a Young Boy Playing with His First Radio." *Decatur Herald and Review*, January 12, p. 4A.

Calvert, Randall L. 1992. "Leadership and Its Basis in Problems of Social Coordination." *International Political Science Review* 13: 7 – 24.

Canter, David. 1980. "Fires and Human Behavior—An Introduction." In *Fires and Human Behaviour*, edited by David Canter, pp. 1 – 12. Chichester: John Wiley and Sons.

Carey, James W. 1988. *Communication as Culture: Essays on Media and Society*. Boston: Unwin Hyman.

Chapkis, Wendy. 1986. *Beauty Secrets: Women and the Politics of Appearance*. Boston: South End Press.

Cheng, Mae M. 1996. "Keeping a More Horrifying Score: Game-Time Tally of Domestic Abuse." *Newsday*, January 28, p. A6.

Chong, Dennis. 1991. *Collective Action and the Civil Rights Movement*. Chicago: University of Chicago Press.

Chwe, Michael Suk-Young. 1998. "Culture, Circles, and Commercials: Publicity, Common Knowledge, and Social Coordination." *Rationality and Society* 10: 47 – 75.

——. 1999a. "The Reeded Edge and the Phillips Curve: Money Neutrality, Common Knowledge, and Subjective Beliefs." *Journal of Economic Theory* 87: 49 – 71.

——. 1999b. "Structure and Strategy in Collective Action." *American Journal of Sociology* 105: 128 – 156.

——. 2000. "Communication and Coordination in Social Networks."

Review of Economic Studies 67: 1 – 16.

Clark, Herbert H., and Catherine R. Marshall. 1992. "Definite Reference and Mutual Knowledge." In *Arenas of Language Use*, edited by Herbert H. Clark, pp. 9 – 59. Chicago: University of Chicago Press.

Cohen, Abner. 1974. *Two-Dimensional Man: An Essay on the Anthropology of Power and Symbolism in Complex Society*. Berkeley: University of California Press.

Cohen, Jean. 1985. "Strategy or Identity: New Theoretical Paradigms and Contemporary Social Movements." *Social Research* 52: 663 – 716.

Cohen, Jeff, and Norman Solomon. 1993. "Closing Eyes and Ears to Domestic Violence." *Cleveland Plain Dealer*, February 13, p. 4B.

Coleman, James S. 1988. "Social Capital in the Creation of Human Capital." *American Journal of Sociology* 94 (suppl.): S95 – S120.

Connerton, Paul. 1989. *How Societies Remember*. Cambridge: Cambridge University Press.

Coser, Lewis A. 1990. "The Intellectuals in Soviet Reform: On 'Pluralistic Ignorance' and Mass Communications." *Dissent* 37 (Spring): 181 – 183.

Cowen, Tyler. 2000. *What Price Fame?* Cambridge, Mass.: Harvard University Press.

Curtis, Russell L., and Benigno E. Aguirre. 1993. *Collective Behavior and Social Movements*. Boston: Allyn and Bacon.

d'Aquili, Eugene G., and Charles D. Laughlin Jr. 1979. "The Neurobiology of Myth and Ritual." In *The Spectrum of Ritual: A Biogenetic Structural Analysis*, edited by Eugene G. d'Aquili, Charles D. Laughlin Jr., and John McManus, pp. 152 – 182. New York: Columbia University Press.

Damasio, Antonio R. 1994. *Descartes' Error: Emotion, Reason, and the Human Brain*. New York: Avon Books.

Davison, W. Phillips. 1983. "The Third-Person Effect in Communication. " *Public Opinion Quarterly* 47: 1 - 15.

Dayan, Daniel, and Elihu Katz. 1992. *Media Events: The Live Broadcasting of History*. Cambridge, Mass. : Harvard University Press.

Debord, Guy. [1967] 1995. *The Society of the Spectacle*. Translated by Donald Nicholson-Smith. Cambridge, Mass. : MIT Press. Originally published as *La Société du Spectacle* (Paris: Buchet-Chastel, 1967).

De Vany, Arthur, and David W. Walls. 1999. "Uncertainty in the Movie Industry: Does Star Power Reduce the Terror of the Box Office?" *Journal of Cultural Economics* 23: 285 - 318.

Diehl, Jackson. 1992. "Israeli Army's New ' Open Fire ' Orders against Palestinians Draw Criticism. " *Washington Post*, May 7, p. A37.

Dixit, Avinash, and Victor Norman. 1978. "Advertising and Welfare. " *Bell Journal of Economics* 9: 1 - 17.

Durkheim, Emile. 1912 [1995]. *The Elementary Forms of Religious Life*. Translated by Karen E. Fields. New York: Free Press.

Erickson, Gladys A. 1957. *Warden Ragen of Joliet*. New York: E. P. Dutton.

Fernandez, Roberto M. , and Doug McAdam. 1988. "Social Networks and Social Movements: Multiorganizational Fields and Recruitment to Freedom Summer. " *Sociological Forum* 3: 357 - 382.

Fisher, Franklin M. , John J. McGowan, and David S. Evans. 1980. "The Audience-Revenue Relationship for Local Television Stations. " *Bell Journal of Economics* 11: 694 - 708.

Foucault, Michel. 1979. *Discipline and Punish: The Birth of the Prison*. Translated by Alan Sheridan. New York: Vintage.

Fournier, Gary M. , and Donald L. Martin. 1983. "Does Government-Restricted Entry Produce Market Power? New Evidence from the Market for Television Advertising. " *Bell Journal of Economics* 14: 44 - 56.

Fraser, Nancy. 1989. *Unruly Practices: Power, Discourse, and Gen-*

der in Contemporary Social Theory. Minneapolis: University of Minnesota Press.

——. 1990. "The Uses and Abuses of French Discourse Theories for Feminist Politics." *Boundary 2* 17: 82 – 101.

Fried, Michael. 1967. "Art and Objecthood." *Art Forum* 5, no. 10 (June 1967): 12 – 23.

Geanakoplos, John. 1992. "Common Knowledge." *Journal of Economic Perspectives* 6: 53 – 82.

Geertz, Clifford. 1973. *The Interpretation of Cultures: Selected Essays by Clifford Geertz.* New York: Basic Books.

——. 1980. *Negara: The Theatre State in Nineteenth-Century Bali.* Princeton: Princeton University Press.

——. 1983. "Centers, Kings, and Charisma: Reflections on the Symbolics of Power." In *Local Knowledge: Further Essays in Interpretive Anthropology*, pp. 121 – 146. New York: Basic Books.

Gilboa, Itzhak. 1998. *Theoretical Aspects of Rationality and Knowledge: Proceedings of the Seventh Conference (TARK 1998): July 22 – 24, 1998, Evanston, Illinois, USA.* San Francisco: Morgan Kaufmann.

Goffman, Erving. 1969. *Strategic Interaction.* Philadelphia: University of Pennsylvania Press.

Goodsell, Charles T. 1988. *The Social Meaning of Civic Space: Studying Political Authority through Architecture.* Lawrence: University Press of Kansas.

Gorov, Lynda. 1993. "Activists: Abused Women at Risk on Super Sunday." *Boston Globe*, January 29, p. 13.

Gould, Roger V. 1993. "Collective Action and Network Structure." *American Sociological Review* 58: 182 – 196.

——. 1995. *Insurgent Identities: Class, Community, and Protest in Paris from 1848 to the Commune.* Chicago: University of Chicago Press.

Granovetter, Mark. 1973. "The Strength of Weak Ties." *American*

Journal of Sociology 78: 1360 – 1380.

———. 1995. *Getting a Job: A Study of Contacts and Careers*. 2d ed. Chicago: University of Chicago Press.

Griffiths, Paul. 1995. "Gambling for Life: The Met Unveils a New Production of Tchaikovsky's 'Queen of Spades.'" *New Yorker*, November 20, pp. 121 – 123.

Habermas, Jürgen. [1977] 1986. "Hannah Arendt's Communications Concept of Power." In *Power*, edited by Steven Lukes, pp. 75 – 93. New York: New York University Press. Originally published in *Social Research* 44 (1977): 3 – 24.

———. 1989. *The Theory of Communicative Action*. Vol. 1. Boston: Beacon Press.

Hardin, Russell. 1995. *One for All: The Logic of Group Conflict*. Princeton: Princeton University Press.

Harsanyi, John C., and Reinhard Selten. 1988. *A General Theory of Equilibrium Selection in Games*. Cambridge, Mass.: MIT Press.

Harvey, Anna. 1999. "Partisanship as a Social Convention." Working paper, New York University.

Helm, Leslie. 1995. "Global Hype Raises the Curtain on Windows 95: Microsoft Introduces New Software—and Softer Image—with Myriad of Grandiose Gimmicks." *Los Angeles Times*, August 24, p. A1.

Hobsbawm, Eric. 1983. "Mass-Producing Traditions: Europe, 1870 – 1914." In *The Invention of Tradition*, edited by Eric Hobsbawm and Terence Ranger, pp. 263 – 307. Cambridge: Cambridge University Press.

Horovitz, Bruce. 1987. "Marketing: Super Bowl Is the Event in Ad Game." *Los Angeles Times*, January 6, pt. 4, p. 9.

Horton, William S., and Boaz Keysar. 1996. "When Do Speakers Take into Account Common Ground?" *Cognition* 59: 91 – 117.

Hunt, Lynn. 1984. *Politics, Culture, and Class in the French Revolution*. Berkeley: University of California Press.

Isaacson, Melissa. 1996. "NFL's Stance on Domestic Abuse Far Short of Super. " *Chicago Tribune*, January 21, sports section, p. 3.

Jakobson, Roman. 1966. "Grammatical Parallelism and Its Russian Facet. " *Language* 42: 399 - 429.

Jehl, Douglas. 1996. "Egypt Adding Corn to Bread: An Explosive Mix?" *New York Times*, November 27, p. A4.

Johnson, Bradley. 1994. "The Commercial, and the Product, Which Changed Advertising. " *Advertising Age*, January 10, pp. 1 - 14.

Johnson, James. 1993. "Is Talk Really Cheap? Prompting Conversation between Critical Theory and Rational Choice. " *American Political Science Review* 87: 74 - 86.

Johnson, Norris. 1987. "Panic at 'The Who Concert Stampede': An Empirical Assessment. " *Social Problems* 34: 362 - 373.

Julius, N. H. 1831. *Leçons sur les prisons*? . Translated by H. Lagarmitte. Paris: F. G. Levrault.

Kahn, Joseph P. 1989. "Super Bowl III-D. " *Boston Globe*, January 20, p. 27.

Katz, Michael L. , and Carl Shapiro. 1994. "Systems Competition and Network Effects. " *Journal of Economic Perspectives* 8: 93 - 115.

Keesing, Roger M. 1987. "Anthropology as an Interpretive Quest. " *Current Anthropology* 28: 161 - 176.

Keller, Kevin Lane. 1993. "Conceptualizing, Measuring, and Managing Customer-Based Brand Equity. " *Journal of Marketing* 57: 1 - 22.

Kelly, Kevin. 1997. "New Rules for the New Economy. " *Wired* 5, no. 9 (September): 140 - 197.

Kihlstrom, Richard E. , and Michael H. Riordan. 1984. "Advertising as a Signal. " *Journal of Political Economy* 92: 427 - 450.

Kochen, Manfred. 1989. *The Small World*. Norwood, N. J. : Ablex.

Kreps, David M. 1990. "Corporate Culture and Economic Theory. " In *Perspectives on Positive Political Economy*, edited by James E.

Alt and Kenneth A. Shepsle, pp. 90 - 143. New York: Cambridge University Press.

Kuran, Timur. 1991. "Now Out of Never: The Element of Surprise in the East European Revolution of 1989. " *World Politics* 44: 7 - 48.

——. 1995. *Private Truths, Public Lies: The Social Consequences of Preference Falsification.* Cambridge, Mass. : Harvard University Press.

Laitin, David D. 1986. *Hegemony and Culture: Politics and Religious Change among the Yoruba.* Chicago: University of Chicago Press.

——. 1994. "The Tower of Babel as a Coordination Game: Political Linguistics in Ghana. " *American Political Science Review* 88: 622 - 634.

Lambert, Gerard B. 1956. *All Out of Step: A Personal Chronicle.* New York: Doubleday.

Lane, Randall. 1993. "Prepackaged Celebrity. " *Forbes*, December 20, p. 86.

Lee, Namhee. 2000. "Minjung, History, and Subjectivity: The South Korean Student Movement and the Making of Minjung, 1960 - 1987. " Ph. D. dissertation, University of Chicago.

Lekson, Stephen H. 1984. *Great Pueblo Architecture of Chaco Canyon, New Mexico.* Albuquerque, N. M. : National Park Service.

Lennen, Philip W. 1926. "In Memoriam: An Appreciation of Milton Feasley-A Real Advertising Man. " *Printers' Ink* 137, no. 2 (October 14): 25 - 28.

Lev, Michael. 1991. "Super Bowl 25: The Football Hoopla Yields to Hype. " *New York Times*, January 6, sec. 3, p. 5.

Lévi-Strauss, Claude. 1963. *Structural Anthropology.* Translated by Claire Jacobson and Brooke Grundfest Schoepf. New York: Basic Books.

Lewis, David K. 1969. *Convention: A Philosophical Study.* Cambridge, Mass. : Harvard University Press.

Lichbach, Mark Irving, and Alan S. Zuckerman, eds. 1997. *Com-*

parative Politics: Rationality, Culture, and Structure. New York: Cambridge University Press.

Lipe, William D. , and Michelle Hegmon, eds. 1989. *The Architecture of Social Integration in Prehistoric Pueblos*. Cortez, Colo. : Crow Canyon Archaeological Center.

Lipsyte, Robert. 1993. "Super Bowl XXVII: Violence Translates at Home. " *New York Times*, January 31, sec. 8, p. 5.

Lohmann, Susanne. 1994. "The Dynamics of Informational Cascades: The Monday Demonstrations in Leipzig, East Germany, 1989 – 91. " *World Politics* 47: 42 – 101.

The Long Walk of Nelson Mandela. 1999. Television episode of *Frontline*, airing May 25, 1999. Produced by David Fanning and Indra deLanerolle. Directed by Clifford Bestall.

Luhmann, Niklas. 1985. *A Sociological Theory of Law*. Translated by Elizabeth King and Martin Albrow. London: Routledge and Kegan Paul.

Macy, Michael W. 1991. "Chains of Cooperation: Threshold Effects in Collective Action. " *American Sociological Review* 56: 730 – 747.

Marchand, Roland. 1985. *Advertising the American Dream: Making Way for Modernity, 1920 – 1940*. Berkeley: University of California Press.

Marwell, Gerald, and Pamela Oliver. 1993. *The Critical Mass in Collective Action*. Cambridge: Cambridge University Press.

McAdam, Doug. 1986. "Recruitment to High-Risk Activism: The Case of Freedom Summer. " *American Journal of Sociology* 92: 64 – 90.

McAdam, Doug, and Ronnelle Paulsen. 1993. "Specifying the Relationship between Social Ties and Activism. " *American Journal of Sociology* 99: 640 – 667.

McCrone, John. 1994. "Don't Forget Your Memory Aide. " *New Scientist*, February 5, pp. 32 – 36.

McGraw, Dan. 1999. "Web Mania Hits Super Sunday. " *USA Today*,

February 8, p. 40.

McNaught, Brian. 1993. *Gay Issues in the Workplace*. New York: St. Martin's Press.

Milgram, Stanley. 1992. *The Individual in a Social World: Essays and Experiments*. Edited by John Sabini and Maury Silver. 2d ed. New York: McGraw-Hill.

Milgrom, Paul. 1981. "An Axiomatic Characterization of Common Knowledge." *Econometrica* 49: 219 - 222.

Milgrom, Paul, and John Roberts. 1986. "Price and Advertising Signals of Product Quality." *Journal of Political Economy* 94: 796 - 821.

Monderer, Dov, and Dov Samet. 1989. "Approximating Common Knowledge with Common Beliefs." *Games and Economic Behavior* 1: 170 - 190.

Montgomery, James D. 1991. "Social Networks and Labor-Market Outcomes: Toward an Economic Analysis." *American Economic Review* 81: 1408 - 1418.

Moore, Will H. 1995. "Rational Rebels: Overcoming the Free-Rider Problem." *Political Research Quarterly* 48: 417 - 454.

Morgan, Robin, ed. 1970. *Sisterhood Is Powerful: An Anthology of Writings from the Women's Liberation Movement*. New York: Vintage.

Morris, Stephen. 1999. "Approximate Common Knowledge Revisited." *International Journal of Game Theory* 28: 385 - 408.

Morris, Stephen, Rafael Rob, and Hyun Song Shin. 1995. "p-Dominance and Belief Potential." *Econometrica* 63: 145 - 157.

Morris, Stephen, and Hyun Song Shin. 1999. "Private versus Public Information in Coordination Problems." Working paper, Yale University and Oxford University.

Mullen, Brian, and Li-tze Hu. 1988. "Social Projection as a Function of Cognitive Mechanisms: Two Meta-Analytic Integrations." *British Journal of Social Psychology* 27: 333 - 356.

Mutz, Diana. 1998. *Impersonal Influence: How Perceptions of Mass Collectivities Affect Political Attitudes.* Cambridge: Cambridge University Press.

Nelson, Phillip. 1974. "Advertising as Information." *Journal of Political Economy* 82: 729 - 754.

O'Gorman, Hubert J. 1979. "White and Black Perceptions of Racial Values." *Public Opinion Quarterly* 43: 48 - 59.

———. 1986. "The Discovery of Pluralistic Ignorance: An Ironic Lesson." *Journal of the History of the Behavioral Sciences* 22: 333 - 347.

Okely, Judith. 1986. *Simone de Beauvoir.* New York: Pantheon.

Olson, Mancur. 1971. *The Logic of Collective Action: Public Goods and the Theory of Groups.* Cambridge, Mass.: Harvard University Press.

O'Neill, Barry. 2000. *Honor, Symbols, and War.* Ann Arbor: University of Michigan Press.

Opp, Karl-Dieter, and Christiane Gern. 1993. "Dissident Groups, Personal Networks, and Spontaneous Cooperation: The East German Revolution of 1989." *American Sociological Review* 58: 659 - 680.

Ottina, Theresa J. 1995. *Advertising Revenues per Television Household: A Market by Market Analysis.* Washington, D. C.: National Association of Broadcasters.

Ozouf, Mona. [1976] 1988. *Festivals and the French Revolution.* Cambridge, Mass.: Harvard University Press. Translated by Alan Sheridan. Originally published as *La fête revolutionnaire, 1789 - 1799* (Paris: Gallimard, 1976).

Pastine, Ivan, and Tuvana Pastine. 1999a. "Consumption Externalities, Coordination, and Advertising." Working paper, Bilkent University, Ankara, Turkey.

———. 1999b. "Coordination in Markets with Consumption Externalities: The Role of Advertising and Product Quality." Working paper, Bilkent University, Ankara, Turkey.

Perner, Josef, and Heinz Wimmer. 1985. " 'John Thinks That Mary Thinks That...' Attribution of Second-Order Beliefs by 5-to 10-Year-Old Children. " *Journal of Experimental Child Psychology* 39: 437 - 471.

Polanyi, Michael. 1958. *Personal Knowledge: Towards a Post-Critical Philosophy*. London: Routledge and Kegan Paul.

Poltrack, David. 1983. *Television Marketing: Network, Local, and Cable*. New York: McGraw-Hill.

Postema, Gerald J. 1982. "Coordination and Convention at the Foundations of Law. " *Journal of Legal Studies* 11: 165 - 203.

Povinelli, Daniel J. , and Daniela K. O'Neill. 2000. "Do Chimpanzees Use Their Gestures to Instruct Each Other?" In *Understanding Other Minds: Perspectives from Developmental Cognitive Neuroscience*, edited by Simon Baron-Cohen, Helen Tager-Flusberg, and Donald J. Cohen, pp. 459 - 487. Oxford: Oxford University Press.

Raboteau, Albert. 1978. *Slave Religion: The "Invisible Institution" of the Antebellum South*. New York: Oxford University Press.

Rapoport, Anatol, and W. J. Horvath. 1961. "A Study of a Large Sociogram. " *Behavioral Science* 6: 279 - 291.

Rattray, R. S. 1923. *Ashanti*. Oxford: Clarendon Press.

Real, Michael R. 1982. "The Super Bowl: Mythic Spectacle. " In *Television: The Critical View*, edited by Horace Newcomb, pp. 206 - 239. Third edition. New York: Oxford University Press.

Reichenbach, Harry. 1931. *Phantom Fame*. New York: Simon and Schuster.

Rendon, Jim. 1998. "Inside the New High-Tech Lock-Downs. " *Salon*, September 8. Available at www. salon. com.

Ringle, Ken. 1993. "Debunking the 'Day of Dread' for Women: Data Lacking for Claim of Domestic Violence Surge after Super Bowl. " *Washington Post*, January 31, p. A1.

Rothenberg, Randall. 1998. "Bye-Bye. " *Wired* 6, no. 1 (January): 72 - 76.

Rousseau, Jean-Jacques. [1755] 1984. *A Discourse on Inequality*. Translated by Maurice Cranston. Harmondsworth: Penguin Books.

Rubinstein, Ariel. 1989. "The Electronic Mail Game: Strategic Behavior under 'Almost Common Knowledge.'" *American Economic Review* 79: 385 - 391.

Rutherford, Paul. 1994. *The New Icons? The Art of Television Advertising*. Toronto: University of Toronto Press.

Samuelson, Larry. 1998. *Evolutionary Games and Equilibrium Selection*. Cambridge, Mass.: MIT Press.

Sandburg, Carl. 1936. *The People, Yes*. New York: Harcourt, Brace.

Schelling, Thomas C. [1960] 1980. *The Strategy of Conflict*. 2d ed. Cambridge, Mass.: Harvard University Press.

Schiffer, Stephen R. 1972. *Meaning*. Oxford: Clarendon Press.

Schor, Juliet B. 1998. *The Overspent American: Upscaling, Downshifting, and the New Consumer*. New York: Basic Books.

Schudson, Michael. 1995. *The Power of News*. Cambridge, Mass.: Harvard University Press.

Schuessler, Alexander A. 2000. *A Logic of Expressive Choice*. Princeton: Princeton University Press.

Schwartz, Tony. 1973. *The Responsive Chord*. New York: Anchor Press.

Scott, James C. 1990. *Domination and the Arts of Resistance: Hidden Transcripts*. New Haven: Yale University Press.

Semple, Janet. 1993. *Bentham's Prison: A Study of the Panopticon Penitentiary*. Oxford: Oxford University Press.

Sen, Amartya K. 1967. "Isolation, Assurance, and the Social Rate of Discount." *Quarterly Journal of Economics* 81: 112 - 124.

Sewell, William H., Jr. 1985. "Ideologies and Social Revolutions: Reflections on the French Case." *Journal of Modern History* 57: 57 - 85.

———. 1993. "Toward a Post-Materialist Rhetoric for Labor History."

In *Rethinking Labor History*, edited by Lenard R. Berlanstein, pp. 15 – 38. Urbana: University of Illinois Press.

Shamir, Jacob. 1993. "Pluralistic Ignorance Revisited: Perception of Opinion Distributions in Israel. " *International Journal of Public Opinion Research* 5: 22 – 39.

Shin, Hyun Song. 1996. "Comparing the Robustness of Trading Systems to Higher-Order Uncertainty. " *Review of Economic Studies* 63: 39 – 59.

Signorile, Michelangelo. 1993. *Queer in America: Sex, the Media, and the Closets of Power*. New York: Random House.

———. 1995. *Outing Yourself: How to Come Out as Lesbian or Gay to Your Family, Friends, and Coworkers*. New York: Random House.

Simpson, Glenn R. 1996. "Dole Campaign Has Paid over $ 1 Million to Firm That Uses Telemarketing to Criticize Opponents. " *Wall Street Journal*, March 12, p. A20.

Sivulka, Juliann. 1998. *Soap, Sex, and Cigarettes: A Cultural History of American Advertising*. Belmont, Calif. : Wadsworth.

Sluka, Jeffrey A. 1992. "The Politics of Painting: Political Murals in Northern Ireland. " In *The Paths to Domination, Resistance, and Terror*, edited by Carolyn Nordstrom and JoAnn Martin, pp. 18 – 36. Berkeley: University of California Press.

Sperber, Dan, and Deirdre Wilson. 1986. *Relevance: Communication and Cognition*. Oxford: Basil Blackwell.

Staal, Frits. 1989. *Rules without Meaning: Ritual, Mantras and the Human Sciences*. New York: Peter Lang.

Stellin, Susan. 2000. "Increasingly, E-Mail Users Find They Have Something to Hide. " *New York Times*, February 10, p. G8.

Stewart, David W. 1992. "Speculations on the Future of Advertising Research. " *Journal of Advertising* 21: 1 – 18.

Stewart, Ian. 1998. "Mathematical Recreations. " *Scientific American* 279, no. 2 (August): 96 – 97.

"Super TV Ad Jumps into Homes. " 1995. *St. Louis Post-Dispatch*,

February 1, p. 8C.

Swedberg, Richard. 1990. *Economics and Sociology: Redefining their Boundaries: Conversations with Economists and Sociologists.* Princeton: Princeton University Press.

Tambiah, Stanley Jeyaraja. 1985. "A Performative Approach to Ritual." In *Culture, Thought, and Social Action: An Anthropological Perspective*, pp. 123 – 166. Cambridge, Mass. : Harvard University Press.

Taylor, Catharine P. 1999. "Netscape's Netcenter and Qwest Communications." *Adweek*, eastern ed. , March 8, p. 33.

Tichi, Cecelia. 1991. *Electronic Hearth: Creating an American Television Culture.* New York: Oxford Unviersity Press.

Trow, George W. S. 1997. *Within the Context of No Context.* New York: Atlantic Monthly Press.

Turner, Ralph H. , and Lewis M. Killian. 1987. *Collective Behavior.* 3d ed. Englewood Cliffs, N. J. : Prentice-Hall.

Turner, Victor. 1968. *The Drums of Affliction: A Study of Religious Processes among the Ndembu of Zambia.* Oxford: Clarendon Press.

———. 1969. *The Ritual Process: Structure and Anti-Structure.* Ithaca, N. Y. : Cornell University Press.

Turow, Joseph. 1997. *Breaking Up America: Advertisers and the New Media World.* Chicago: University of Chicago Press.

Twitchell, James B. 1996. *Adcult USA: The Triumph of Advertising in American Culture.* New York: Columbia University Press.

Uspensky, B. A. 1975. " 'Left' and 'Right' in Icon Painting. " *Semiotica* 13: 33 – 39.

Valente, Thomas W. 1995. *Network Models of the Diffusion of Innovations.* Creskill, N. J. : Hampton Press.

Verba, Sidney. 1965. "The Kennedy Assassination and the Nature of Political Commitment. " In *The Kennedy Assassination and the American Public: Social Communication in Crisis*, edited by Bradley S. Greenberg and Edwin B. Parker, pp. 348 – 360. Stanford: Stanford University Press.

Vinikas, Vincent. 1992. *Soft Soap, Hard Sell: American Hygiene in an Age of Advertisement*. Ames: Iowa State University Press.

Waldmeir, Patti. 1997. *Anatomy of a Miracle: The End of Apartheid and the Birth of the New South Africa*. New York: Norton.

Walters, Ronald G. 1980. "Signs of the Times: Clifford Geertz and Historians." *Social Research* 47: 537 – 556.

Webster, James G. , and Lawrence W. Lichty. 1991. *Ratings Analysis: Theory and Practice*. Hillsdale, N. J. : Lawrence Erlbaum Associates.

Webster, James G. , and Patricia F. Phalen. 1997. *The Mass Audience: Rediscovering the Dominant Model*. Mahwah, N. J. : Lawrence Erlbaum Associates.

Weinberger, David. 1995. "The Daily Me? No, the Daily Us." *Wired* 3, no. 4 (April): 108.

Weingast, Barry R. 1997. "The Political Foundations of Democracy and the Rule of Law." *American Political Science Review* 91: 245 – 263.

Wirth, Michael O. , and Harry Bloch. 1985. "The Broadcasters: The Future Role of Local Stations and the Three Networks." In *Video Media Competition: Regulation, Economics, and Technology*, edited by Eli M. Noam, pp. 121 – 137. New York: Columbia University Press.

Wolcott, James. 1996. "Reborn on the Fourth of July." *New Yorker*, July 15, pp. 80 – 81.

Wolf, Naomi. 1991. *The Beauty Myth: How Images of Beauty Are Used against Women*. New York: Anchor Books.

Wright, Richard. [1945] 1993. *Black Boy*. New York: Harper Perennial.

Wyatt, Justin. 1994. *High Concept: Movies and Marketing in Hollywood*. Austin: University of Texas Press.

Young, Peyton. 1996. "The Economics of Convention." *Journal of*

Economic Perspectives 10: 105 – 122.

——. 1998. *Individual Strategy and Social Structure: An Evolutionary Theory of Institutions*. Princeton: Princeton University Press.

Zoglin, Richard. 1993. "When the Revolution Comes, What Will Happen To..." *Time*, April 12, p. 56.

索 引

（所标页码为英文原书页码，即本书边码）

Index

2013 年版后记

Afterword to the 2013 Edition

　　我在 20 世纪 80 年代末选修"博弈论"课程时，共 *127*
同知识是作为一种高级理论课题或"哲学"课题提出
的。但如今人们发现它能够在各种现实世界的应用中发
挥作用。例如，奥伯（Ober，2008）应用共同知识来
帮助解释古雅典民主的成功：与其他希腊城邦相比，雅
典有多得多的公共仪式（每年至少 120 天）和多得多
的向内的公共场所，包括可容纳一万七千人的酒神剧
院。带有阶梯式同心圆形座位的希腊剧院就起源于雅
典。里其韦（Ridgeway，2011）用共同知识的概念帮
助解释性别不平等的顽固存在：因为你知道其他人都用
关于性别的信念来构建社会互动，于是你也跟随大流，
不管你自己对性别的看法如何。戈登（Gordon，2010）
提出，2007 年全球金融危机的部分原因是 2006 年引进
的 ABX 指数，一种基于次贷抵押证券的公开交易的信
用衍生品。这些次贷抵押证券是非公开交易的，因而你
个人虽然可能怀疑这些证券的价值，但同时仍然相信别

人喜欢它们。ABX 指数把这些证券的弱点变成了共同知识。

我希望《理性的仪式》有助于"普及"共同知识这个概念。对我自己而言，我首先提出共同知识可以帮助解决协调问题的论点，然后在现实世界中寻找例子。换句话说，本书的初始动机主要是理论上的；我一直对社会抗议感兴趣，但我在开展这一项目时，对仪式、建筑或广告并不感兴趣。人们很容易怀疑高度抽象的理论研究的实用性，但偶尔理论会发挥其应有的作用，对形形色色的现象提供一个新的视角。

128　　在这类研究中，应该包括斯蒂芬·莫里斯和申铉松（Hyun Song Shin）的工作，他们探讨了共同知识和高阶信念与现实世界的关联性（例如 Morris and Shin，2002，2012）。尼古拉·福斯（Nicolai Foss，2001）认为领导层的作用是创造解决协调问题所必需的共同知识。在更早之前，莫里斯·弗里德尔（Morris Freidell，1969）撰写了一篇文章，它并不为许多人所知，但却是最早对共同知识做技术处理的文章之一。

最近，共同知识有助于解决协调问题的论点得到了一些实验支持。乔杜里、肖特和索菲尔（Chaudhuri，Schotter and Sopher，2009）发现，当玩过协调游戏的实验对象给其他将要玩同样游戏的人留下建议时，如果该建议被公开大声宣读，从而成为共同知识，它就会有效得多。诺夫和拉菲里（Nov and Rafaeli，2009）发现，当实验对象被要求使用电子邮件召集至少八个人的会议时，与使用抄送功能相比，他们在使用密送功能时，发送出的平均邀请要多得多；换句话说，实验对象似乎意识到抄送——这一能够创造共同知识的功能——更具优势。

就人们创造共同知识的能力而言，这个世界最近有没有发生什么变化呢？互联网和其他数字技术似乎确实取得了长足的发展，共同知识的生成因而变得容易得多。2003 年 2 月 15 日，全球有超过一千万人被动员起来抗议美国入侵伊拉克，这也许是世界历史上规模最大的政治示威协同行动，其中数字通信起到了关键作用（Bennett，Breunig，and Givens，2008；Walgrave and Rucht，2010）。或许社交媒体技术（例如与电子邮件和静态网页相比）尤其擅长于通过强关系在当地创造地方性的共同知识，以及通过弱关系迅速传播信息（亦见Goldstone，2001，p. 164）。

在写作《理性的仪式》时，我的意图是面向广大 *129*读者。它曾被各种主题的书籍和文章引用，或许还被认为是有所帮助的，这令我倍感欣慰。这些主题包括：广告的经济理论（Bagwell，2007）、卫星音乐广播在泛阿拉伯主义中的作用（Frishkopf，2010）、强迫症的进化论基础（Swain and Leckman，2006）、选民投票率的社会理论（Rolf，2012）、智慧的乌合之众（Rheingold，

2002）、守法的焦点理论（McAdams and Nadler，2005）、全球金融危机社会学（Zuckerman，2010）、暴力的历史性减少（Pinker，2011）、超链接媒体市场（Webster，2008）、作为宣传团体的宗教组织（Gill and Pfaff，2010）、后备军官训练队在大学中的作用（Downs and Murtazashvili，2012）、文学对于创造全球共同体中共同义务感的作用（Palumbo Liu，2005）、美国宗教团体的作用（Chaves，2004）、社会对信仰形成的影响（Rydgren，2009）、极权主义的传播（Postoutenko，2010）、早期基督教和犹太教的认知角度（Luomanen，Pyysiäinen，and Uro，2007）、文化在经济发展中的作用（Rao and Walton，2004）、共同知识事件如何影响爱尔兰和意大利的工资谈判（Culpepper，2008）、印度蓄水池灌溉系统措施的人类学视角（Mosse，2006）、费城选举日的历史（Brewin，2008）、《新约全书》中的仪式（DeMaris，2008）和社交软件（Parikh，2002）。

托马斯·谢林所著的《冲突的战略》于1960年首次出版。该书于1980年再版时，谢林解释了他的初衷："我想说明，一些跨越经济学、社会学和政治科学，乃至法学、哲学（或许）以及人类学的基本理论，不仅对正统理论家有用，而且对关心实际问题的人有用。我也曾经希望（不过现在认为这大概是错误的），*博弈论*

可以被重新引向上述几个领域中的应用。…… [但大多数] 博弈论理论家倾向于留在数学领域中"（第 vi 页；*130* 斜体部分的强调是原文中就有的）。

但愿谢林的希望没有错。我乐于看到博弈论在数学方面的发展，它无疑会继续保持迅猛的发展势头。但我也希望，博弈论的发展能够广泛应用一些基本但有力的论点。在另一本书（Chwe，2013）中，我认为简·奥斯汀（Jane Austen）的博弈论见解并未被取代。博弈论已经取得了实质性的成功，但我希望它能够有更广泛的实用性和更大的普及性。

文献

Bagwell, Kyle. 2007. "The Economic Analysis of Advertising." In *Handbook of Industrial Organization*, volume 3, edited by Mark Armstrong and Robert Porter. Amsterdam: Elsevier.

Bennett, W. Lance, Christian Breunig, and Terri Givens. 2008. "Communication and Political Mobilization: Digital Media and the Organization of Anti-Iraq War Demonstrations in the U. S." *Political Communication* 25: 1–41.

Brewin, Mark W. 2008. *Celebrating Democracy: The Mass-Mediated Ritual of Election Day*. New York: Peter Lang.

Chaudhuri, Ananish, Andrew Schotter, and Barry Sopher. 2009. "Talking Ourselves to Efficiency: Coordination in Inter-generational Minimum Effort Games with Private, Almost Common and Common Knowledge of Advice." *Economic Journal* 119: 9–122.

Chaves, Mark. 2004. *Congregations in America*. Cambridge: Harvard University Press.

Chwe, Michael Suk-Young. 2013. *Jane Austen, Game Theorist.* Princeton: Princeton University Press.

Culpepper, Pepper D. 2008. "The Politics of Common Knowledge: Ideas and Institutional Change in Wage Bargaining." *International Organization* 62: 1 – 33.

DeMaris, Richard E. 2008. *The New Testament in its Ritual World.* London: Routledge.

Downs, Donald Alexander, and Ilia Murtazashvili. 2012. *Arms and the University: Military Presence and the Civic Education of Nonmilitary Students.* Cambridge: Cambridge University Press.

Feygin, Diana L., James E. Swain, and James F. Leckman. 2006. "The Normalcy of Neurosis: Evolutionary Origins of Obsessive-Compulsive Disorder and Related Behaviors." *Progress in Neuro-Psychopharmacology and Biological Psychiatry* 30: 854 – 864.

Foss, Nicolai J. 2001. "Leadership, Beliefs and Coordination." *Industrial and Corporate Change* 10: 357 – 388.

Freidell, Morris F. 1969. "On the Structure of Shared Awareness." *Behavioral Science* 14: 28 – 39.

Frishkopf, Michael, ed. 2010. *Music and Media in the Arab World.* Cairo: American University in Cairo Press.

Gill, Anthony J., and Steven J. Pfaff. 2010. "Acting in Good Faith: An Economic Approach to Religious Organizations as Advocacy Groups." In *Advocacy Organizations and Collective Action*, edited by Aseem Prakash and Mary Kay Gugerty. Cambridge: Cambridge University Press.

Goldstone, Jack A. 2001. "Toward a Fourth Generation of Revolutionary Theory." *Annual Review of Political Science* 4: 139 – 187.

Gorton, Gary B. 2010. *Slapped by the Invisible Hand: The Panic of 2007.* Oxford: Oxford University Press.

Howard, Philip N., Aiden Duffy, Deen Freelon, Muzammil Hussain, Will Mari, and Marwa Mazaid. 2011. "Opening Closed Regimes: What Was the Role of Social Media During the Arab Spring?"

Working paper, Project on Information Technology and Political Islam.

Luomanen, Petri, Ilkka Pyysiäinen, and Risto Uro, eds. 2007. *Explaining Christian Origins and Early Judaism: Contributions from Cognitive and Social Science.* Leiden: Brill.

McAdams, Richard H., and Janice Nadler. 2005. "Testing the Focal Point Theory of Legal Compliance: The Effect of Third-Party Expression in an Experimental Hawk/Dove Game. " *Journal of Empirical Legal Studies* 2: 87 – 123.

Morris, Stephen, and Hyun Song Shin. 2002. "Social Value of Public Information. " *American Economic Review* 92: 1521 – 1534.

Morris, Stephen, and Hyun Song Shin. 2012. "Contagious Adverse Selection. " *American Economic Journal: Macroeconomics* 4: 1 – 21.

Mosse, David. 2006. "Collective Action, Common Property, and Social Capital in South India: An Anthropological Commentary. " *Economic Development and Cultural Change* 54: 695 – 724.

Nov, Oded, and Sheizaf Rafaeli. 2009. "Measuring the Premium on Common Knowledge in Computer-Mediated Coordination Problems. " *Computers in Human Behavior* 25: 171 – 174.

Ober, Josiah. 2008. *Democracy and Knowledge: Innovation and Learning in Classical Athens.* Princeton: Princeton University Press.

Palumbo-Liu, David. 2005. "Rational and Irrational Choices: Form, Affect, and Ethics. " In *Minor Transnationalism*, edited by Françoise Lionnet and Shu-Mei Shih. Durham, North Carolina: Duke University Press.

Parikh, Rohit. 2002. "Social Software. " *Synthese* 132: 187 – 211.

Pinker, Steven. 2011. *The Better Angels of Our Nature: Why Violence Has Declined.* New York: Viking.

Postoutenko, Kirill, ed. 2010. *Totalitarian Communication: Hierarchies, Codes and Messages.* Bielefeld: transcript Verlag.

Rao, Vijayendra, and Michael Walton, eds. 2004. *Culture and Public Action.* Stanford: Stanford University Press.

Rheingold, Howard. 2002. *Smart Mobs: The Next Social Revolution.*

New York: Perseus Publishing.

Ridgeway, Cecilia L. 2011. *Framed by Gender: How Gender Inequality Persists in the Modern World*. Oxford: Oxford University Press.

Rolfe, Meredith. 2012. *Voter Turnout: A Social Theory of Political Participation*. Cambridge: Cambridge University Press.

Rydgren, Jens. 2009. "Beliefs." In *The Oxford Handbook of Analytical Sociology*, edited by Peter Hedström and Peter Bearman. Oxford: Oxford University Press.

Schelling, Thomas C. [1960] 1980. *The Strategy of Conflict*. Second Edition. Cambridge, Massachusetts: Harvard University Press.

Shirk, Susan L. , ed. 2011. *Changing Media, Changing China*. Oxford: Oxford University Press.

Shirky, Clay. 2011. "The Political Power of Social Media: Technology, the Public Sphere, and Political Change." *Foreign Affairs* 90 (1): 28 - 41.

Tsai, Lily. 2011. "Holding Government Accountable through Informal Institutions: Solidary Groups and Public Goods Provision in Rural China." In *Accountability Through Public Opinion: From Inertia to Public Action*, edited by Sina Odugbemi and Taeku Lee. Washington, D. C. : The World Bank.

Walgrave, Stefaan, and Dieter Rucht, eds. 2010. *The World Says No to War: Demonstrations against the War on Iraq*. Minneapolis: University of Minnesota Press.

Webster, James G. 2008. "Structuring a Marketplace of Attention." In *The Hyperlinked Society: Questioning Connections in the Digital Age*, edited by Joseph Turow and Lokman Tsui. Ann Arbor: University of Michigan Press.

Zuckerman, Ezra W. 2010. "What If We Had Been in Charge? The Sociologist as Builder of Rational Institutions." In *Markets on Trial: The Economic Sociology of the U. S. Financial Crisis: Part B*, edited by Michael Lounsbury and Paul M. Hirsch. Bingley, West Yorkshire: Emerald Group Publishing.

译后记

本书的目的是帮助"普及"共同知识这个概念。对共同知识做专业处理的论文最早发表于 20 世纪 60 年代末，但这个概念在 20 世纪 80 年代末是作为博弈论中一种高级理论课题或"哲学"课题提出的。后来人们发现它能够在各种现实世界的应用中发挥作用，例如用大量公共仪式和公共场所解释古雅典民主的成功，圆形结构有助于创造共同知识等。本书作者首先提出共同知识可以帮助解决协调问题的论点，然后在现实世界中寻找例子。从社会抗议到仪式、建筑、广告、影视等，本书用大量生动的例子说明了共同知识的作用。

特别要指出的是，共同知识（common knowledge）还可以细分为不同的层次，低层次是所谓共享知识（shared knowledge），也就是每个人都有某种知识，但每个人都不知道别人是否有这种知识。高层次是所谓公共知识（public knowledge），每个人都知道人人都有某种知识。最典型的例子是电子邮件中的密送和抄送，前者是低层次的而后者是高层次的，例如邀请朋友聚会，其效果会有所不同。密送的时候，收件人不知道你还邀请了谁，他是否参加完全取决于对你的态度；抄送的时候，收件人知道你还邀请了谁，他是否参加还取决于他对其他被邀请者的好恶。分清二者对理解本书大有帮助。此外，还有一个中间层次，某人知道人人都有某种知识，但他不知道别人是否也知道这一点。

关于共同知识的书籍不多，本书是其中的佼佼者。其内容深入浅出，不同水平的读者都能从中汲取营养。

凌复华

图书在版编目（CIP）数据

理性的仪式：文化、协调与共同知识／（美）崔硕
庸著；凌复华，彭婧珞译 . -- 北京：中国人民大学出
版社，2021. 9

书名原文：Rational Ritual：Culture，
Coordination，and Common Knowledge

ISBN 978 -7 -300 -29392 -9

Ⅰ．①理… Ⅱ．①崔… ②凌… ③彭… Ⅲ．①博弈论
-应用 -社会学 -研究 Ⅳ．①C91

中国版本图书馆 CIP 数据核字（2021）第 102217 号

理性的仪式

文化、协调与共同知识

崔硕庸　著

凌复华　彭婧珞　译

Lixing de Yishi

出版发行	中国人民大学出版社			
社　址	北京中关村大街 31 号		邮政编码　100080	
电　话	010 - 62511242（总编室）		010 - 62511770（质管部）	
	010 - 82501766（邮购部）		010 - 62514148（门市部）	
	010 - 62515195（发行公司）		010 - 62515275（盗版举报）	
网　址	http://www.crup.com.cn			
经　销	新华书店			
印　刷	北京联兴盛业印刷股份有限公司			
规　格	135 mm×205 mm　32 开本		**版　次**	2021 年 9 月第 1 版
印　张	6. 125 插页 2		**印　次**	2021 年 9 月第 1 次印刷
字　数	105 000		**定　价**	58.00 元